ANTIQUITÉS ASSYRIENNES

MACON, PROTAT FRÈRES, IMPRIMEURS

MUSÉE DU LOUVRE

LES

Antiquités Assyriennes

PAR

E. POTTIER

Membre de l'Institut,
Conservateur des Antiquités orientales
et de la Céramique antique

GASTON BRAUN
ÉDITEUR OFFICIEL DES MUSÉES NATIONAUX
PARIS, 18, RUE LOUIS-LE-GRAND.
1917

MUSÉES NATIONAUX

Palais du Louvre, 14 février 1916.

Monsieur le Directeur,

J'ai l'honneur de vous soumettre, en vous demandant de vouloir bien en autoriser la publication, le *Catalogue des Antiquités assyriennes* du Musée du Louvre. J'ai utilisé pour la rédaction de ce livret la *Notice* publiée en 1849 par A. de Longpérier et des notes manuscrites communiquées par M. Léon Heuzey, Directeur honoraire des Musées nationaux, ancien Conservateur du département, qui avait lui-même préparé un travail descriptif sur ces monuments. J'ai, de mon côté, complété les recherches de mes prédécesseurs, en tenant compte des acquisitions nouvelles et en rassemblant la bibliographie relative aux antiquités exposées dans nos galeries. C'est donc, en quelque sorte, une œuvre de collaboration entre les trois conservateurs qui se sont succédé dans cette section orientale. J'espère que le public y trouvera profit.

Veuillez agréer, Monsieur le Directeur, l'expression de mes sentiments respectueux et dévoués.

E. POTTIER,
Membre de l'Institut,
Conservateur des Antiquités orientales
et de la Céramique antique.

Approuvé :
Le Directeur des Musées nationaux,
H. MARCEL.

1

I

AVERTISSEMENT ET INTRODUCTION

AVERTISSEMENT

Pour faire ce catalogue je me suis servi de la notice publiée en 1849 par Adrien de Longpérier, après l'installation des salles du Louvre. Elle contient une relation des découvertes de Botta qu'il m'a semblé utile de reproduire. Une troisième édition parut en 1854, accompagnée d'une seconde préface qui signalait les nouvelles trouvailles du consul anglais Layard en Assyrie, les premiers envois de la Mission Victor Place succédant à celle de Botta, et les récentes acquisitions du musée en monuments chypriotes et judaïques ; de ces additions je n'ai retenu que ce qui concernait les séries assyriennes. Les descriptions de Longpérier ont été en général conservées, sauf les modifications nécessaires, et j'y ai joint celles de notre Inventaire qui, rédigées après 1861, me paraissent avoir été écrites sous l'inspiration et, sans doute, d'après un texte du même savant. Pour les monuments entrés après 1870, j'ai fait les descriptions moi-même. De l'édition de 1849 j'ai supprimé le commentaire en petit texte qui accompagnait de temps en temps les notices, car il n'était pas au courant des dernières recherches de la science et n'offrait plus le même intérêt. Mais j'ai eu la bonne fortune de remplacer ces remarques de Longpérier par un exposé d'ensemble sur l'art assyrien, que je dois à l'un des maîtres de l'archéologie française, ancien Conservateur de notre Département, M. Léon Heuzey. Il a bien voulu me remettre un travail commencé jadis sur les monuments du Louvre et resté inédit ; un seul chapitre en avait été détaché pour prendre place dans le volume des *Mélanges* en l'honneur de M. G. Perrot (1903, p. 273), sous le titre : *Quelques règles d'interprétation pour les figures assyriennes* (cf. aussi les *Origines orientales de l'art*, p. 247 et suiv.). Nous y renverrons en plusieurs endroits. Je donne la partie inédite dans nos chapitres III, VI et VII. La plupart des notices sur les reliefs du palais de Nimroud (anc. Kalach) sont aussi de M. Heuzey (chap. I de la *Description*).

C'est donc pour moi un honneur et un plaisir que d'avoir pu réaliser dans ce volume une sorte de collaboration entre trois générations de Conservateurs du Département. Je me suis donné pour tâche de compléter l'œuvre de mes prédécesseurs, en faisant un nouveau classement d'ensemble, en décrivant ce qui n'avait pas pris place dans leurs notices ou dans leurs commentaires, en choisissant les illustrations qui accompagnent le texte, en recherchant les ouvrages où les antiquités décrites ont été publiées. Je n'ai pas eu la prétention de citer toutes les références ; j'ai cherché à renvoyer le lecteur aux livres les plus accessibles.

Le classement est fait par matières. Pour les sculptures j'ai adopté un groupement par provenances et par ordre chronologique, afin de conserver leur imporlance aux différences d'écoles et de styles. Mais pour les petits objets il m'a semblé que l'on pouvait les réunir, sans les séparer par localités.

Les textes cunéiformes mentionnés dans ce Catalogue ne comprennent que des inscriptions placées sur les monuments sculptés ou conservant un certain caractère d'art ; mon savant confrère le Père V. Scheil a bien voulu les revoir avec moi et m'en indiquer le sens général, en l'absence de mon collègue M. F. Thureau-Dangin, mobilisé par le service militaire. Qu'il veuille bien trouver ici mes cordiaux remerciements. Je n'ai pas compris non plus dans mon énumération les cylindres et pierres gravées, de style assyrien, car ils prendront place dans un volume spécial de M. Louis Delaporte, qui est en bonne voie d'achèvement.

J'espère, par ce travail, avoir rendu service aux visiteurs du Musée et à nos étudiants, en complétant le cycle de nos antiquités orientales, déjà représenté par le *Catalogue des antiquités chaldéennes* de M. Heuzey, celui des *Antiquités de la Susiane* par MM. Pézard et Pottier, celui de la *Mission de Suse* par M. Dieulafoy, celui des *Monuments palestiniens et judaïques* par M. Dussaud.

E. POTTIER.

Décembre 1915.

INTRODUCTION

I

RELATION DES FOUILLES DE BOTTA

Le gouvernement, ayant jugé utile d'établir un consulat à Moussoul, choisit pour occuper ce poste M. P.-E. Botta, qui partit au commencement de l'année 1842. Ce fonctionnaire, qui déjà avait visité divers pays de l'Orient, se promettait de faire des recherches sur la rive orientale du Tigre, en face de Moussoul, dans ces lieux où les auteurs anciens et les traditions, confirmées par des traces encore évidentes, s'accordent à placer Ninive, l'antique capitale de la monarchie assyrienne.

Suivant le voyageur anglais Rich, l'enceinte de Ninive, qui embrasse une étendue d'environ deux tiers de lieue de large, sur une lieue un tiers de long, est formée de deux murs séparés par un fossé encore bien conservé; dans l'espace que renferment ces fortifications construites en blocs immenses, des fouilles ont fait retrouver quelques substructions, parmi lesquelles étaient des briques et des dalles de gypse, les unes et les autres chargées de caractères cunéiformes.

On avait aussi découvert dans la partie nord-ouest de l'enceinte, à un endroit où la muraille est plus haute et plus épaisse que partout ailleurs, un immense bas-relief représentant des figures d'hommes et d'animaux. Tous les habitants de Moussoul allèrent examiner ce curieux échantillon de l'art assyrien, qui fut ensuite mis en pièces.

M. Botta songea d'abord à faire exécuter des fouilles dans le monticule sur lequel est bâti le village de Niniouah, situé dans l'enceinte qui vient d'être décrite et qui est le dernier reste de la ville célèbre dont il a conservé le nom. Mais le nombre et l'importance des maisons qui couvrent ce monticule ne permettaient pas de faire des travaux que repoussaient d'ailleurs les préjugés religieux des habitants. Là, en effet, est construite la mosquée de Nabi-Iounès, qui, suivant une tradition locale, renferme, comme son nom l'indique, le tombeau du prophète Jonas ; c'est un lieu sacré aux yeux des musulmans.

M. Botta dut donc porter ses recherches sur un autre point, et il choisit pour commencer ses opérations le monticule de Koyoundjek, situé au nord du village de Niniouah, auquel il est joint par les restes d'une ancienne muraille en briques crues. Cette vaste éminence est une masse évidemment artificielle et, suivant l'opinion du savant consul, elle a dû supporter autrefois le principal palais des rois d'Assyrie. A la face occidentale et près de l'extrémité méridionale de cette colline, quelques briques de grandes dimensions, liées avec du bitume, semblaient indiquer le site de constructions antiques ; c'est là qu'au mois de décembre de 1842 les fouilles furent commencées.

Les ouvriers mirent au jour de nombreux fragments de bas-reliefs et d'inscriptions, mais rien de complet ne vint encourager M. Botta, qui, malgré les dépenses que lui occasionnait cette entreprise, et en dépit des apparences défavorables, n'en continua pas moins pendant trois mois des recherches presque infructueuses.

Cependant ces travaux attirèrent l'attention, et un habitant de Khorsabad apporta deux grandes briques avec inscription cunéiforme trouvées auprès de son village, offrant à M. Botta de lui en procurer autant qu'il le désirerait.

Trois mois plus tard, c'est-à-dire le 20 mars 1843, notre consul, fatigué de ne trouver dans le monticule de Koyound-jek que des débris sans valeur, et se rappelant les briques de Khorsabad, envoya dans cette localité quelques ouvriers tâter le terrain. Trois jours après, un des ouvriers vint dire que l'on avait trouvé des figures et des inscriptions.

Le village de Khorsabad est situé à environ seize kilo-mètres au nord-est de Moussoul, sur la route qui conduit de cette ville à Amadieh, et près de la rive gauche de la petite rivière nommée Khausser, qui vient se jeter dans le Tigre en traversant l'enceinte antique de Ninive. Il est bâti sur un monticule allongé de l'est à l'ouest; l'extrémité orientale se relève en un cône que l'on croyait moderne; l'extrémité occi-dentale se bifurque, et c'est sur la pointe septentrionale de cette bifurcation que les ouvriers de M. Botta firent leurs premières découvertes.

On mit à nu, d'abord, la partie inférieure de murailles parallèles qui semblaient déterminer un passage d'environ trois mètres au bout duquel se trouvait une salle dont les parois étaient couvertes de bas-reliefs représentant des com-bats : M. Botta ayant fait creuser un puits à quelques pas plus loin, on trouva immédiatement trois bas-reliefs qui offrirent les premières figures complètes. Ce fut dans cette exploration que M. Botta trouva deux autels [1] et les restes d'une façade qui dépassait le niveau du sol.

Les premiers mois de 1843 furent employés à poursuivre des fouilles qui avaient produit d'aussi intéressants résultats; M. Botta en adressa la relation circonstanciée à M. Mohl, qui s'empressa de la communiquer à l'Académie des Inscrip-

1. Voyez l'autel décrit sous le n° 58.

tions et Belles-Lettres. Bientôt, sur la demande de MM. Vitet, Letronne et Mohl, une somme de 3.000 fr. fut mise par M. le Ministre de l'Intérieur à la disposition de M. Botta, qui put dès lors donner plus d'activité et d'étendue à ses travaux.

Il fallait cependant triompher d'obstacles sans cesse renaissants ; l'insalubrité du climat, causée par le voisinage de terrains marécageux, avait mis en danger la vie du consul et des ouvriers qu'il occupait, mais la mauvaise volonté de l'autorité locale opposait des difficultés bien plus graves à surmonter ; ce fut une lutte de tous les jours, des négociations sans cesse à recommencer. Malgré cela, les travaux furent menés jusqu'au mois d'octobre, époque à laquelle Mehmed, pacha de Moussoul, interdit formellement la continuation des fouilles. Avec sa permission expresse, M. Botta avait fait construire à Khorsabad une petite maison, dans laquelle il logeait quand il allait visiter les ruines. Le pacha prétendit que cette habitation était une forteresse élevée pour dominer le pays, et il informa la Porte de cette circonstance, affectant de considérer les excavations archéologiques comme les fossés de cette citadelle imaginaire.

M. Botta écrivit alors à l'ambassadeur de France à Constantinople pour l'avertir de ce qui se passait ; et, en attendant qu'un ordre du gouvernement turc le mît à même de terminer les fouilles, il acheva la copie des inscriptions déjà découvertes et fit transporter dans la cour de sa maison tous les bas-reliefs qui lui parurent dignes d'être envoyés en France.

M. Botta avait adressé à Paris des dessins fort exacts d'un certain nombre de bas-reliefs, mais en même temps il avait exprimé le désir d'être secondé par un artiste qui pût copier toutes les sculptures qu'il serait impossible de transporter en France. L'Académie des Inscriptions et Belles-Lettres appuya cette demande et choisit M. Flandin, peintre, qui avait déjà

rempli une mission en Perse. Par décision des 5 et
12 octobre 1843, MM. les Ministres de l'Intérieur et de l'In-
struction publique ouvrirent un nouveau crédit affecté à la
continuation des recherches ; ils décidèrent, en outre, que
toutes les sculptures que leur état de conservation recom-
manderait à l'attention seraient expédiées en France, et
qu'une publication spéciale ferait connaître au monde savant
cette précieuse découverte.

Grâce à l'insistance de l'ambassadeur de France, la Porte
finit par accorder l'autorisation de poursuivre les travaux.
Les habitants de Khorsabad reçurent la permission de vendre
leurs maisons et d'aller s'établir momentanément au pied du
monticule. Les fouilles purent être reprises à la condition de
rétablir, lorsqu'elles seraient achevées, le terrain dans son
état primitif, afin que le village pût être rebâti sur le même
emplacement. Enfin un commissaire turc fut envoyé à Moussoul pour prévenir de nouveaux empêchements. Toutefois, ce
ne fut que le 4 mai 1844 que M. Flandin, arrivant de Constantinople, put apporter à M. Botta les firmans qu'il réclamait
depuis sept mois.

A la même époque, un grand nombre de chrétiens nestoriens, chassés de leurs montagnes par les Curdes, vinrent se
réfugier à Moussoul et dans les villages des environs.
M. Botta voulut soulager leur misère en utilisant leur travail,
et ces hommes robustes et dociles lui apportèrent un concours d'autant plus précieux qu'il était difficile de se procurer
dans le pays le nombre d'ouvriers nécessaire. Tous les obstacles étant levés, il fut possible, vers le milieu du mois de
mai de 1844, de recommencer les fouilles si longtemps aban-
données forcément, mais qui cette fois purent être conduites
jusqu'à la fin d'octobre sans interruption. Pendant quelque
temps, près de trois cents ouvriers furent employés à déblayer
le sol auquel chaque jour on arrachait d'inappréciables

dépouilles. M. Flandin dessinait les bas-reliefs à mesure qu'ils sortaient de terre, mesurait toutes les parties du monument et recueillait les diverses notions qui lui permettront d'en rétablir le plan primitif. En même temps, M. Botta copiait, avec non moins d'activité, les nombreuses inscriptions cunéiformes qui couvraient les murailles.

On découvrit successivement tout ce qui subsistait de l'édifice, jusqu'à ce qu'on fût arrivé à un point où il n'existait plus que des murailles de briques, privées, depuis une époque très reculée probablement, des dalles de gypse sculptées dont elles avaient été revêtues. A la fin du mois d'octobre de 1844, l'exhumation du palais de Khorsabad pouvait être considérée comme achevée et M. Botta mit un terme aux travaux.

Conformément aux ordres du gouvernement, les morceaux de sculpture les plus remarquables et les mieux conservés furent choisis pour être envoyés en France. M. Botta avait à les faire transporter à Moussoul, ensuite à Bagdad. Il s'agissait d'effectuer ce transport et de franchir les seize kilomètres qui séparent Khorsabad de Moussoul. Cette opération était d'autant plus pénible que des pluies continuelles avaient détrempé le chemin ; les roues d'un chariot qu'il avait fallu construire enfonçaient dans la boue jusqu'aux essieux, sous la charge de blocs de gypse dont quelques-uns pèsent douze mille kilogrammes. Il avait été impossible de faire construire des caisses assez solides ; on recouvrit la surface sculptée des bas-reliefs avec des poutres, reliées par des écrous à des pièces de bois correspondantes placées contre la face postérieure. Ce moyen a parfaitement réussi, et les monuments sont arrivés à leur destination sans avoir éprouvé le plus léger dommage.

M. Botta ne pouvant se procurer un nombre suffisant de buffles de trait, eut recours aux bras des Nestoriens et les efforts réunis de deux cents hommes suffirent à peine pour traîner certains blocs ; les plus difficiles à mouvoir étaient

aussi les plus intéressants, c'est-à-dire ces magnifiques taureaux à face humaine dont l'emploi dans la construction des
portes est un trait caractéristique de l'architecture assyrienne
et perse [1].

Il était tombé pendant l'hiver de 1844 à 1845 très peu de
neige dans les montagnes : aussi le Tigre fut loin d'atteindre
sa hauteur ordinaire, et même il commença à décroître bien
avant l'époque accoutumée. Il était donc urgent de profiter
des hautes eaux pour envoyer à Bagdad les caisses destinées
au Musée, car leur dimension exigeait des radeaux d'une
grandeur inusitée dont la préparation (à Moussoul, les *kéleks*
ou radeaux sont formés de pièces de bois fixées sur des
outres) pouvait entraîner un retard qui eût fait ajourner le
départ à l'année suivante.

Enfin, au mois de juin de 1845, huit mois après l'achèvement des fouilles, les sculptures avaient été amenées sur le
bord du fleuve et, au moyen d'un plan incliné pratiqué dans
la berge, embarquées sur les *kéleks*. A la fin de mai, les
monuments extraits du monticule de Khorsabad étaient dépo-
sés à Bagdad chez le consul de France, M. Loewe-Weimars,
qui pendant près d'une année les eut sous sa garde, car les
nécessités du service ne permirent pas plus tôt l'envoi d'un
bâtiment de l'État, et ce ne fut qu'au mois de mars de 1846
que la gabarre le *Cormoran* arriva à Bassora. M. Loewe-
Weimars prit le soin de faire conduire les caisses sur le Tigre
jusqu'au lieu où le navire avait dû les attendre, et au commencement de juin elles partaient pour la France ; elles arri-
vèrent au mois de décembre. Après avoir touché Brest, le
Cormoran vint au Havre, où l'on débarqua la première
collection de grands monuments assyriens qui eût encore été
apportée en Europe.

1. Voyez les monuments décrits plus loin sous les n°⁵ 12 à 15.

Par ordre de M. le Ministre de l'Intérieur, M. Botta était allé surveiller le transbordement des sculptures sur le chaland destiné à les faire remonter jusqu'à Paris, où elles ont été déposées sans accident au mois de février de 1847.

On sait avec quelle libéralité les Chambres ont accordé les crédits nécessaires pour assurer à notre pays la possession de monuments d'un art inconnu jusqu'alors, fournissant ainsi aux artistes et à tous ceux qui s'occupent de la connaissance du monde ancien un sujet fécond d'études et d'observations. Il appartient maintenant à la philologie de donner à ces monuments toute leur valeur en dévoilant le secret des nombreuses inscriptions cunéiformes qui seules pourront assigner une place exacte dans l'histoire à tant de précieux restes d'un monde détruit.

Toutes les inscriptions cunéiformes des rois Achéménides de la Perse, gravées, soit sur les rochers, soit sur les palais, soit même sur les vases ou sur les sceaux, sont conçues en trois langues, représentées par trois systèmes d'écriture dont le principe est un trait en forme de *clou* ou de *coin* (de là les noms de *cunéiforme*, de *keilschrift*, de *arrow-headed character*). La différence qui existe entre ces trois systèmes consiste dans la combinaison de cet élément très simple. Le texte qui occupe toujours la première place, et dont le déchiffrement a été poussé si loin par MM. Burnouf et Lassen [1], est de l'ancien persan ou du zend à un état un peu plus rapproché du sanscrit et du grec que le zend des livres de Zoroastre, fait qui s'explique par l'antériorité des inscriptions. Ce qui a permis

1. Grâce à quelques améliorations introduites dans le système de lecture de l'écriture cunéiforme des Perses, améliorations dues à la sagacité de M. Jules Oppert, cette écriture se peut maintenant classer parmi les plus régulièrement connues, telles que celles des Hébreux, des Arabes (voyez *Revue archéologique*, t. V, 1848, p. 1 et 65, et *Journal asiatique*, 1851, t. XVII, p. 255 et suiv., 378 et suiv., 534 et suiv.; t. XVIII, p. 56 et suiv., 322 et suiv., 553 et suiv.; t. XIX, p. 140 et suiv.)

d'interpréter assez vite les écritures cunéiformes du système perse, c'est le nombre peu considérable des caractères, la simplicité de leurs combinaisons, l'absence d'homophones, maintenant bien constatée, et surtout la présence d'un signe de ponctuation qui sépare tous les mots sans exception. Le troisième système des inscriptions achéménides est, avec quelques modifications, celui qui s'est retrouvé sur toutes les parties de l'édifice de Khorsabad. Dans ce système, les caractères sont fort nombreux, la combinaison des *clous* très compliquée, les homophones évidentes; l'emploi de monogrammes et l'absence de ponctuation entre les mots constituent de graves difficultés. Cependant les inscriptions trilingues de la Perse fournissent, par la comparaison des noms d'hommes et de lieux, la clef des écritures assyriennes. La lecture, encore fort imparfaite, de celles-ci donne une langue très voisine du chaldéen de la Bible. Sans entrer dans de plus amples détails à ce sujet, il importe de consigner ici ce résultat : à savoir que les monuments décrits sous les nos 12, 42, 58, offrent la légende royale, plus ou moins abrégée : *Sargon, roi grand, roi puissant, roi des rois du pays d'Assour* [1]. Le roi Sargon, fils de Sennachérib, qu'Isaïe représente comme vainqueur de la Judée, de l'Égypte et de l'Éthiopie (ch. xx), a régné, suivant le calcul des chronologistes, de 710 à 668 avant notre ère [2]. Ainsi, l'édifice de Khorsabad serait contemporain des commencements de Rome et antérieur d'un siècle et demi au règne de Cyrus, dont la figure sculptée en bas-relief à Mourghâb présente la plus frappante analogie de style avec celles qui sont décrites ici sous les nos 21, 22 et 28.

Décembre 1847.   A. DE LONGPÉRIER.

---

[1]. Voyez *Revue archéologique*, 1847, p. 502, et *Journal asiatique*, 1847, t. X, p. 532.

[2]. [Il faut rectifier aujourd'hui ces chiffres : 722 à 705 av. J.-C.].

II

FORMATION DE LA COLLECTION

L'exposé de M. de Longpérier qu'on vient de lire contient encore ce qu'il y a d'essentiel sur l'histoire de notre section assyrienne, car les découvertes de P. E. Botta, dont un portrait est placé à l'entrée de nos salles, sont restées le noyau principal de notre collection (voy. notre pl. 1). Il les publia en 1849-50 dans son grand ouvrage, *Monument de Ninive*, dont les planches fort soignées sont dues au peintre Flandin. On y peut constater que l'ensemble découvert dépassait de beaucoup en importance celui qui a été réuni dans notre salle : le mauvais état des reliefs laissés à l'air, les difficultés du transport, l'exiguïté des ressources pécuniaires empêchèrent de convoyer le tout en France.

D'autres explorations succédèrent à celles de Botta ; mais, si elles furent fructueuses pour la science, elles ne procurèrent pas au Louvre les enrichissements qu'on en espérait. L'Expédition de Mésopotamie, de 1851 à 1854, conduite par F. Fresnel, consul de France à Bagdad, avec l'assistance de l'architecte F. Thomas et de l'orientaliste J. Oppert, ne rapporta pas de monuments, car ses envois partagèrent le malheureux sort des antiquités découvertes par V. Place, dont nous parlons plus loin ; elle resta fameuse seulement par les travaux linguistiques qui en dérivèrent et contribuèrent puissamment au déchiffrement des inscriptions cunéiformes (voir les deux volumes de l'*Expédition scientifique en Mésopotamie*, par J. Oppert, 1859 et 1863).

La mission de Victor Place à Khorsabad, chargé de continuer les fouilles de Botta, aboutit, de 1852 à 1854, à de fort beaux résultats dont on trouvera le détail dans les planches de l'ouvrage publié en 1867, *Ninive et l'Assyrie*. Mais un accident déplorable priva la France de ces richesses : le 21 mai 1855, le bateau et deux radeaux qui transportaient les chargements à destination d'un navire arrivé à Bassorah, sombrèrent dans le Tigre, à quelques lieues en amont de son confluent avec l'Euphrate. Un envoi avait été fait auparavant, en 1852, mais composé de petits objets qui ont pris place dans l'édition de 1854 de la *Notice* de Longpérier. Toutefois on pouvait se demander si plusieurs grandes pièces, qui ne sont pas dans cette notice et qui ne font pas partie de l'envoi ultérieur du consul P. Delaporte, ne provenaient pas des caisses placées, d'après les indications de Place lui-même (II, p. 144), sur deux autres radeaux échappés au naufrage? De ce nombre sont le grand génie ailé qui occupe le centre de la paroi principale (n° 18) et le taureau ailé placé à droite de l'entrée (n° 14); leur place dans l'Inventaire du Louvre semble indiquer qu'ils sont entrés au musée après 1854.

Ces déductions que j'avais tirées de l'examen du texte de Place et des Inventaires du Louvre ont été confirmées par l'heureuse découverte de M. Maurice Pillet, architecte, ancien membre de la Délégation en Perse, qui a retrouvé aux Archives nationales un dossier concernant la mission de V. Place et qui a eu l'obligeance de m'en communiquer des extraits (voir aussi sa lecture à l'Académie des Inscriptions dans la séance du 5 mai 1916 et son article de la *Revue archéologique*, 1916, t. II, p. 230). Ces pièces nous ont permis non-seulement d'identifier le taureau ailé (n° 14) et le grand génie à tête de face (n° 18), mais encore de retrouver l'origine des seize reliefs du palais de Ninive (Kouyoundjick) qui sont exposés dans nos salles (n°s 59 et suiv.) et dont la provenance restait incertaine. L'importante sculpture de Nimroud, représentant le roi Assour-nazirbal avec son écuyer (n° 7), faisait partie du même convoi. Tous ces monuments avaient été donnés à V. Place par les fouilleurs anglais (Place II, p. 133), en particulier par Rawlinson, en témoignage des services réciproques que se rendirent les deux missions. Ils eurent la chance d'échapper au désastre et la plupart furent publiés par Place dans son ouvrage (pl. 58 et suiv.).

Plus tard, en 1864-1865, M. Pacifique Delaporte, consul à Bagdad, fit un don important, brièvement mentionné dans un *Rapport* du Surintendant des Beaux-Arts, M. le comte de Nieuwerkerke, paru en 1869 (p. 30). On y énumère quatre très grands bas-reliefs assyriens du palais de Nemrod [Nimroud], six autres de moindre dimension (voir nos numéros 1 et suiv.), une inscription cunéiforme sur table d'albâtre, six fragments de terre cuite portant des inscriptions cunéiformes. Ce fut encore un notable accroissement de la collection ; il avait, de plus, l'avantage de nous apporter des œuvres provenant d'autres régions assyriennes et remontant à une période plus ancienne que celle du palais de Khorsabad.

Quant aux autres pièces de la série assyrienne, elles sont dues à des achats faits dans le commerce et à quelques dons ; elles comprennent surtout des petits objets dont le détail est donné dans notre *Description*.

E. P.

III

DISPOSITION DES SCULPTURES DANS LES PALAIS ASSYRIENS
PALAIS DE NIMROUD (KALAKH)

Époque d'Assour-nazirhal (885-860 av. J.-C.).

Sur une vaste plate-forme rectangulaire qui longe l'Euphrate du S. au N., par une infraction aux règles ordinaires de l'orientation chaldéo-assyrienne, s'élevait le palais du roi

Assour-nazirbal[1]. Le seul ensemble qui en soit bien conservé est une cour presque carrée, entourée sur trois côtés
d'un double rang de longues salles accompagnées de salles
plus petites ; les murailles épaisses, larges de 3 à 5 mètres et
même plus, sont formées de briques crues. Ces salles conservent la disposition de longues galeries comme dans les
anciens édifices chaldéens et dans les maisons susiennes telles
qu'on les trouve encore décrites à l'époque de Strabon ; la
cause en était la difficulté de couvrir un large espace, et la
nécessité d'entretenir la fraîcheur entre ces murs d'argile.
Même les principales d'entre elles, en s'élargissant jusqu'à
dix mètres au plus, se développent sur une longueur propor-
tionnelle d'une trentaine de mètres.

Ce qu'il y a de nouveau et de particulier dans les palais
assyriens, et ce que nous ne trouvons pas en Chaldée, c'est
l'emploi de la sculpture sous la forme de grandes plaques
carrées ou de figures taillées dans des blocs d'albâtre, non-seulement pour décorer l'édifice, mais encore pour remplacer
les revêtements de briques cuites qui servaient à contenir les
massifs de briques crues et à protéger de la destruction les
parties basses. Les constructeurs assyriens ont tiré de ce système un magnifique parti. Des génies de proportions colossales, sous forme de lions et de taureaux ailés, étroitement liés
à l'architecture, formaient les côtés des portes et gardaient
les entrées de la demeure royale. Quant à l'intérieur des salles,
les parois en étaient garnies de séries de plaques couvertes
de bas-reliefs.

Pour donner une idée de l'ordonnance de ces sculptures,
prenons la principale salle du palais de Nimroud, celle qu'on

---

1. [Sur la découverte du palais de Nimroud et les dispositions
des plans, voir Layard, *Discoveries of Nineveh and Babylon*
(Londres, 1853), p. 653 et suiv. ; Perrot et Chipiez, *Hist. de l'Art*,
II, p. 452 et suiv. — E. P.]

peut considérer comme la salle du trône, large de 10 mètres, sur 33 de longueur. D'abord toutes les portes, au nombre de quatre, y compris l'entrée principale qui s'ouvre au milieu de l'un des petits côtés du rectangle, sont gardées par des animaux fantastiques, lions ou taureaux à tête humaine, tournés vers l'intérieur et contribuant à la décoration de l'ensemble. A droite et à gauche, de grandes plaques sculptées qui tiennent toute la hauteur de la paroi, portent en outre des figures de génies protecteurs et servent d'amorces à la décoration des murailles. Au fond de la galerie, en face de la grande entrée, sur un point où la place du trône royal semble marquée par une sorte de soubassement, le centre de toute la décoration est une représentation religieuse d'un caractère encore plus auguste et plus mystérieux : c'est l'arbre sacré au-dessus duquel plane le disque ailé, image symbolique et presque immatérielle du dieu Assour (cf. notre n° 87). Des deux côtés de cet emblème central est répétée la figure du roi, debout, dans l'attitude de l'adoration, par un dédoublement qu'imposait aux artistes assyriens le goût impérieux de la symétrie. Parfois deux génies protègent encore en arrière les figures royales.

De ce point partent, sur les côtés, des séries de scènes presque toujours disposées sur deux rangs superposés et enveloppant la salle tout entière ; elles représentent des chasses, des expéditions guerrières, qui sont comme les vivantes annales du règne ; souvent elles sont barrées de longues inscriptions qui coupent irrespectueusement les figures (voir nos n°s 1, 2, 7) et qui, sans se rapporter à aucune scène en particulier, répètent en termes officiels le résumé de cette histoire. De pareilles salles étaient bien faites pour le déploiement des cortèges royaux, dont leurs parois reproduisaient l'image.

Parfois, dans des chambres plus petites, en face de la porte d'entrée, toujours flanquée de deux animaux fantastiques, c'est la figure du roi, de grandes proportions, qui, seule au fond du rectangle, occupe la place d'honneur au milieu des parois sculptées.

Comment ces salles garnies de sculptures étaient-elles éclairées et couvertes ? Les deux questions se tiennent, car nulle part il n'y a trace ni de fenêtres, ni de colonnes ; la lumière ne pouvait pénétrer que par la couverture. Une largeur de dix mètres se prêtait à l'emploi des charpentes, et nous savons par les inscriptions que les rois assyriens faisaient venir des montagnes du Liban et de l'Amanus de grandes poutres de cèdre et de cyprès pour leurs édifices. D'autre part, il est certain que les architectes de ce temps connaissaient l'usage de la voûte si ancienne en Chaldée ; dans les soubassements mêmes du palais de Kalakh, on a retrouvé des conduits souterrains en briques, voûtés en plein cintre ou même en ogive. Ce qui est plus important, c'est que presque toutes les forteresses figurées sur les bas-reliefs de cette époque ont déjà des portes cintrées. Utilisaient-ils aussi ce système pour la couverture des salles ? La question est réservée, au moins pour les palais du xe siècle : car les fouilles de Layard, dirigées surtout en vue de la découverte des bas-reliefs, n'ont pas été assez méthodiques pour donner une réponse certaine[1].

L. HEUZEY.

IV
PALAIS DE KHORSABAD (DOUR-SARYOUKIN)

Époque de Sargon II (722-705 av. J.-C.).

Le palais de Dour-Saryoukin, construit par Sargon II sur le tertre actuel de Khorsabad, à 14 kilomètres environ vers le nord-est de Mossoul et sur un petit affluent du Tigre, le Khâus-

1. [La question de l'éclairage et de la voûte est étudiée par Perrot-Chipiez, *Hist. de l'Art*, II, p. 163 et suiv., p. 189 et suiv.].

ser (voir la carte de Perrot-Chipiez, d'après Oppert, dans *Histoire de l'Art*, II, p. 420, fig. 191), contient un très grand nombre de chambres groupées autour de cours intérieures, dont le plan d'ensemble (*ibid.*, p. 426, fig. 193) offre trois parties distinctes où l'on a voulu reconnaître le sérail ou *sélamlik* pour les appartements d'habitation et de réception des hommes, le *harem* pour les appartements privés du monarque vivant avec les femmes et les enfants, le *khan* avec toutes les dépendances du service et de la garde du palais. Botta avait découvert quatorze pièces; Place en a déblayé cent quatre-vingt-six. Vers l'angle ouest des constructions s'élève un édifice à degrés dans lequel on a voulu d'abord voir un observatoire et qui est le temple à sept étages, dont les quatre premières assises conservées montraient encore une coloration particulière (*ibid.*, p. 287).

La résidence royale était à cheval sur le mur d'enceinte de la ville et formait un saillant avancé, dominant la plaine et la surveillant du haut de sa terrasse (*ibid.*, p. 326, fig. 144).

La façade tournée du côté de la ville présentait une dizaine de taureaux ailés, les uns parallèles à la direction des murs, alternant parfois avec des figures colossales de génies protecteurs (*ibid.*, p. 484, fig. 217), les autres perpendiculaires et flanquant les portes d'entrée (*ibid.*, fig. 216).

La cour du sélamlik forme un carré d'une superficie de 976 mètres, donnant par huit portes sur les quartiers intérieurs. Deux taureaux servent de pieds-droits à quatre de ces portes en baies voûtées, le cintre extérieur étant entouré d'un bandeau de briques émaillées. Les reliefs sculptés sont appliqués sur la base des murs de la cour. Sept grandes pièces, voisines de cette cour intérieure, étaient également ornées de dalles sculptées, de briques émaillées, avec des portes flanquées de colosses ailés. Dans les pièces plus petites il n'y a pas de sculpture; les murs sont simplement revêtus de stuc peint et parfois ornés de fresques. La cour du harem avait reçu aussi une décoration luxueuse : grandes plinthes de briques émaillées représentant des personnages, des animaux, des arbres (*ibid.*, pl. XV); près des portes, hautes colonnes de bois revêtues d'une gaine de métal doré, imitant l'écorce du palmier (*ibid.*, fig. 72).

Botta n'avait déblayé qu'une faible partie du palais de Khorsabad ; c'est dans l'ouvrage de Place qu'on trouve le plan complet de l'édifice avec ses deux cents chambres environ (*Ninive et l'Assyrie*, III, pl. 3 ; Perrot-Chipiez, II, p. 426, fig. 193). Mais les planches de Botta sont utiles à consulter pour nous faire comprendre comment étaient disposées dans le palais construit par Sargon II les sculptures aujourd'hui exposées dans nos salles. En effet, dans les arrangements pris en 1847, lors de la première installation, on a songé surtout à frapper le regard des visiteurs par un bel aspect monumental ; mais les pièces ont été fâcheusement immobilisées contre les parois, de telle manière qu'on ne pourrait plus les en séparer sans risquer de grands dommages (voy. notre pl. 1). Nous devons donc rétablir par la pensée la destination primitive qu'ont eue ces sculptures et mettre en garde contre le groupement qui nous est actuellement imposé.

Les reliefs sculptés étaient disposés comme des plinthes hautes, en bas des murs, tantôt sur les façades extérieures, tantôt dans les cours et salles intérieures. Ceux des façades sont toujours de grandes dimensions, dépassant deux ou même trois mètres de hauteur ; ce sont souvent des hauts-reliefs, avec des têtes en véritable ronde bosse, surtout pour les représentations des taureaux ailés à tête humaine, des génies protecteurs et du héros Ghilgamès, commis à la garde des portes (nos n°[s] 12 à 18). Les taureaux étaient placés souvent en pieds-droits attenant aux portes et vus de face, mais parfois aussi appliqués de profil contre les façades. Le décor des salles intérieures comportait des panneaux d'une seule pièce d'assez hautes dimensions, avec des personnages plus grands que nature, mais souvent aussi les dalles étaient disposées en registres superposés avec des figures de petite taille. Dans ce cas, entre deux zones ainsi superposées court parfois une inscription formant une bande.

Dans le tome I de Botta on verra des élévations et des reproductions d'état actuel au moment des découvertes, qui font comprendre la disposition des sujets exposés au Louvre ou d'autres similaires. Par exemple, au côté droit de la grande porte de la façade sud-ouest (I, pl. 6 et 10), c'est un défilé de personnages qui comprend le roi parlant à ses ministres (voir notre n° 28), les serviteurs apportant les vases et ustensiles du repas, la chaise roulante (voir n°s 35 à 37), le char de guerre (n° 39) ; on y trouvait aussi des génies ailés à tête d'aigle, semblables aux nôtres (n°s 5 et 23). Au nord-ouest (pl. 11), sur la façade extérieure, près des pieds-droits des portes en forme de taureaux ailés à tête humaine, c'est une procession de serviteurs apportant la table, le tabouret, l'écuyer amenant des chevaux (voir n°s 33, 34, 38). Au nord-est (pl. 24), ce sont de grandes figures de génies tenant la pomme de cèdre et le vase en forme de petit seau (n°s 18 et suiv.), le personnage barbu tenant une tige de pavots (n° 25). Comme décoration intérieure de salle, nous citerons (pl. 52) les campagnes militaires du roi en registres superposés et séparés par des bandes d'inscriptions (cf. t. V, p. 116).

Enfin, pour compléter cet effet imposant, il faut restituer aussi les couleurs vives, rouge, noir, bleu, qui avivaient certains détails (cf. notre n° 28) et imaginer les frises colorées de briques émaillées qui les surmontaient de leurs bandeaux polychromes (voir les n°s 195 et suiv.). — E. P.

V

PALAIS DE KOUYOUNDJICK (NINIVE)

Époque d'Assourbanipal (668-626 av. J.-C.).

Le tertre de Kouyoundjick a un périmètre de plus de deux kilomètres et portait plusieurs palais. Celui de Sennachérib (705-681 av. J.-C.), successeur de Sargon II, occupe l'angle sud-ouest et offre un plan assez complet, d'après les fouilles de Layard en 1845-47 et 1849-51 (voir Perrot-Chipiez, II, p. 420, fig. 191, et p. 461. fig. 209). On y retrouve les façades ornées de taureaux ailés, séparés par des grandes figures de génies ailés. Dans les soixante chambres, distribuées autour des trois cours sur un plan analogue à celui de Khorsabad, on a recueilli des reliefs sculptés se rapportant aux campagnes du roi et à ses triomphes sur les peuples vaincus.

Le petit-fils de Sennachérib, Assourbanipal (668-626), bâtit son palais au nord du même monticule. Les fouilles de Rassam, en 1851-54, ont procuré au Musée de Londres une série magnifique de scènes de chasse et de guerre qui comptent parmi les plus belles œuvres que l'on connaisse de l'art assyrien. Le plan de la demeure royale est resté peu complet et ne nous apprend rien de nouveau sur le sujet qui nous occupe ici (voir le résumé de Perrot-Chipiez, II, p. 461, 465). Nous avons dit plus haut (p. 19) par quelle voie on peut supposer que sont entrés au Louvre les très beaux spécimens de sculpture de cette époque (voir nos nos 59 et suiv.).

E. P.

VI

LA SCULPTURE ASSYRIENNE

Caractère général.

Le caractère propre de la sculpture assyrienne a été nettement établi par les fouilles de Nimroud, de Khorsabad et de Kouyoundjick. Il s'en faut néanmoins que les trois séries de monuments rendues à la science nous permettent de suivre cet art dans tout son développement, de voir surtout sous quelle forme première et par quelles transitions il s'est détaché de l'art chaldéen, à une époque avancée, lorsque celui-ci avait déjà traversé depuis de longs siècles sa période de perfection. Il doit en être considéré comme une renaissance tardive, qui s'est produite dans un milieu un peu différent, au sein d'une race plus jeune et toute militaire, où l'élément sémitique dominait sans partage, où le pouvoir royal était plus fort et plus concentré. Appuyés aux montagnes, maîtres du haut bassin des deux fleuves, les Assyriens exercèrent sur le reste de la Mésopotamie une sorte de protectorat ; mais, sous leur pression intermittente, Babylone conservait toujours son rôle de ville sainte et de capitale religieuse, centre respecté des sciences sacrées et des arts qui en étaient l'application. Que l'art assyrien soit sorti tout entier de cette source, les ressemblances sont trop profondes et trop absolues pour qu'il y ait la moindre hésitation à le croire. Seulement l'intervention directe des artistes chaldéens et babyloniens a pu se produire de deux manières. S'est-elle renouvelée d'époque en époque ou bien a-t-elle provoqué dans le pays même la fondation d'une école nationale, en communion plus étroite avec l'esprit d'un peuple conquérant, avide de transformer en splen-

deurs immédiates le fruit de ses victoires? Les deux alterna-
tives ne s'excluent pas nécessairement.

Bien que légères, les différences qui distinguent l'art assyrien de l'art chaldéen (je parle toujours de la sculpture) sont
assez frappantes pour être perçues même au premier coup
d'œil. Elles proviennent surtout de la nature et de l'emploi
des matériaux, du choix des motifs, du sentiment qui préside
à l'exécution. De là résulte une nouveauté qui n'est pas uniquement une question d'époque.

Le sol rocheux de la contrée offrait en abondance une sorte
d'albâtre gris, connu des habitants actuels sous le nom de
pierre de Mossoul, facile à extraire en larges plaques et en blocs
de grande dimension, plus facile encore à travailler, à cause de
sa nature onctueuse et compacte, qui fait que les surfaces se
rayent même à l'ongle, mais ne s'effritent pas. Ce n'était plus
la pierre noire de diorite, amenée de loin pour être lentement
martelée et polie par les statuaires chaldéens. Dans notre
grande salle du Louvre les statues de Goudéa, placées en avant
des bas-reliefs assyriens, aident à comprendre cette différence
capitale (voy. notre pl. 1).

Les constructeurs mirent à profit cette matière complaisante
pour asseoir et flanquer plus solidement leurs massifs de briques
crues, améliorant ainsi l'ancien système de l'architecture chaldéenne. Puis on vit les épais montants qui soutenaient les arcs
des portes, les puissants étais de pierre dressés aux angles et
contre la face des tours, les revêtements continus qui encas-
traient les murailles de terre, s'animer sous la main des sculpteurs ; ils prirent forme et figure. Sur les façades extérieures,
ils s'identifièrent avec les images colossales des génies protecteurs, défendant les approches du palais, et même de la
ville royale, contre les influences mauvaises, écartant à la
fois les attaques de l'ennemi et repoussant le perpétuel
assaut des démons hostiles, qui ébranlent le sol ou soufflent

dans l'air les maladies et la mort. Ainsi l'art, réalisant le miracle des sciences magiques, substituait aux masses inertes des formes vivantes et surnaturelles, sans le concours desquelles l'œuvre incomplète de l'architecte eût été en péril. Aussi voyait-on reparaître ces figures tutélaires dans la décoration intérieure, sur tous les points à défendre, aux abords des portes, dans les encoignures des grandes salles, derrière le trône du roi. Elles encadraient ainsi les parois sur lesquelles revivaient en longues files de bas-reliefs, par un sentiment non moins impérieux chez ces populations, les fastes de l'histoire royale.

En effet, il importe de considérer que la religion tient en réalité, dans cette sculpture architecturale, beaucoup moins de place que dans les antiques représentations de l'art chaldéen. Les figures des grands dieux en sont absentes, et vainement on y cherche aussi la représentation des étranges et poétiques légendes qui rappellent leur histoire, leurs luttes, leurs alliances, leur action sur le monde. Le moindre cylindre d'Erech ou d'Agadé, le plus petit fragment de Nippour ou de Lagash nous en disent plus long à ce sujet que toute la décoration d'un palais assyrien. Sans doute les Sémites du haut pays n'avaient en rien rompu ni avec les traditions, ni avec les croyances de la Chaldée, mais dans son vaste panthéon ils s'étaient fait un culte plus restreint et, à ce qu'il semble, plus mystérieux. L'intensité du sentiment national et peut-être aussi le progrès de l'idée religieuse leur avaient fait concentrer surtout leur adoration sur le divin protecteur de leur race, le dieu Assour. Presque invisible au milieu du cercle symbolique dont les ailes étendues planent au-dessus de l'arbre sacré et ombragent la figure royale, il ne paraît même ainsi que par exception et seulement comme protecteur du roi. De fait, en dépit de ce caractère presque immatériel, la piété assyrienne est avant tout pratique; elle vise un but terrestre et présent : la protection du roi et du peuple d'Assour. Les génies de pierre, les monstres fantastiques, même dans leurs proportions gigantesques, ne sont que des êtres surnaturels d'ordre inférieur, qui s'emploient au même office comme gardiens de la demeure royale. On taille respectueusement leurs images sur des types traditionnels; mais tout l'effort, tout le le mouvement de l'art se porte vers les représentations de la vie active. Le champ où s'exerce surtout l'invention des artistes est celui des exploits de guerre et de chasse, des scènes d'apparat et de triomphe, dont le roi, vicaire d'Assour, est le héros. C'est à lui, à sa glorification, qu'aboutit tout ce grand labeur: il en est le centre et l'idéal.

Il faut ajouter que la pierre tendre d'albâtre se prêtait à merveille aux volontés, même impatientes, du maître, à sa hâte de se construire une demeure royale, conforme à son rêve de magnificence, et à son désir d'éterniser par la sculpture le spectacle de ses hauts faits. En peu de temps, sur des patrons tout préparés, de nombreuses équipes de praticiens peuvent exécuter ces figures colossales, ces longues suites de bas-reliefs, et en revêtir la brique crue des murailles. De là, pour les sculpteurs, la nécessité d'un travail large et quelque peu sommaire ; de là, en partie, les qualités et les défauts de leur style : un grand caractère, tenant au principe traditionnel de l'art, mais pas de maîtrise, une exécution rapide, vigoureuse, tranchante, qui garde trop en maints endroits la trace de l'outil. Même les détails minutieux, les multiples ornements commandés par le goût oriental sont faits de pratique et se répètent indéfiniment. A vrai dire, il y a dans cette richesse beaucoup de monotonie, ce qui n'empêche pas la main-d'œuvre d'être souvent inégale. Le tout donne une grande impression d'unité et montre la puissance d'une conception d'ensemble fondée sur la tradition,

Il faut absolument remettre par l'imagination ces grandes

compositions dans leur cadre architectural, si l'on veut comprendre la sculpture assyrienne. C'est là, et là seulement, qu'elle fait œuvre de création. Ses figures valent moins par elles-mêmes que par le rôle qu'elles jouent dans l'ensemble.

Dans les arts du dessin, et particulièrement dans la sculpture, le progrès décisif et profond, celui qui demande le plus de temps et d'étude, c'est le perfectionnement de la figure humaine. A cet égard, l'école assyrienne est stationnaire ; disons même qu'elle n'a pas retrouvé la saveur originale que l'étude directe et sincère de la nature donnait aux œuvres des vieux maîtres chaldéens. De leur enseignement elle a conservé le goût des formes robustes et trapues, où la beauté inséparable de la force se traduit par le modelé ressenti des musculatures. Seulement elle a ramené ses modèles à un type unique, dont toutes les parties, comme des formules invariables, occupent une place fixe et sont tracées d'avance. Il y a notamment deux ou trois morceaux de nu, sortant du costume, un bras et surtout une jambe, qui sont en eux-mêmes de véritables chefs-d'œuvre, d'une construction anatomique saisissante, sinon absolument correcte ; mais les muscles, les tendons y sont découpés et juxtaposés comme les pièces d'une armure. Dans les attitudes consacrées par la tradition religieuse ou par l'étiquette officielle, et dans quelques autres poses caractéristiques, l'effet est puissant et très sculptural ; si la représentation se complique, cette sorte de mannequin superbe se plie difficilement à la variété des mouvements. Scènes de chasse, scènes de bataille, il n'y a toujours, en réalité, qu'une seule et même figure plusieurs fois répétée, avec les mêmes muscles saillants, depuis le dieu ou le roi jusqu'au moindre serviteur, et l'artiste ne réussit pas sans contrainte à la mettre en action dans des positions différentes. Les autres parties du nu se montrent-elles par hasard à découvert, comme le torse, le dos, la poitrine, le ciseau devient hésitant, inexpérimenté, et la pauvreté des formes trahit l'inhabileté à interroger directement la nature. La souplesse des extrémités, des mains en particulier, cette pierre de touche de la science réelle d'une école, laisse beaucoup à désirer. On ne voit pas non plus reparaître la hardiesse des anciens sculpteurs chaldéens à représenter en bas-relief des têtes de face ; je ne parle pas, bien entendu, des grandes figures presque de ronde bosse (notre n° 18), pour lesquelles cela ne pouvait faire difficulté.

Les traits du visage conservent d'ailleurs tous les caractères du type chaldéen. Ce sont les mêmes yeux très grands et toujours dessinés de face, les mêmes sourcils épais et croisés. Le nez qui, à la plus belle époque de la sculpture chaldéenne, tendait à devenir droit ou presque droit, s'arque de nouveau, mais avec noblesse comme dans les belles têtes sémitiques et sans revenir à l'exagération archaïque du premier profil chaldéen. La bouche est bien découpée, le menton assez fin et rond, mais amolli et empâté en dessous, dans les figures imberbes, par une courbe qui accuse l'embonpoint comme un caractère de dignité et de beauté florissante, conforme au goût oriental. Cependant les lignes du profil, en se précisant davantage, ont gagné quelque chose, il faut le reconnaître, en fermeté et en caractère.

Ce n'est pas là pourtant que réside la principale supériorité des figures assyriennes ; elle est surtout dans leur expression. L'immobilité des lèvres, la fixité du regard, les paupières écartées, la prunelle souvent circonscrite et isolée par un trait, parfois avec des restes de couleur qui la détachaient en noir sur le blanc de l'œil, donnent à tous les personnages un sérieux impassible, quelque chose de fier et de grave qui convient à l'étiquette d'une monarchie absolue. Ce n'est plus la bonhomie demi-souriante des petits princes de l'ancienne Chaldée. L'air impérieux, impénétrable, presque **cruel**, du

3

maître, se communique jusqu'au dernier serviteur qui exécute ses ordres ou qui les attend sans oser les pressentir (n° 28). De là une profonde sensation de solennité et de vague terreur d'où le sourire est absent. Après avoir parcouru au Louvre le musée égyptien, entrez dans la grande salle assyrienne, et telle sera certainement l'impression forte qui vous saisira.

La polychromie des couleurs qui relevaient de touches vives et sobres les principaux détails des figures devait ajouter encore à cet effet puissant.

Sur ces lignes sévères le costume assyrien jetait une grande magnificence. On sait que Babylone et autour d'elle toute cette région de l'Asie étaient renommées pour leurs tissus de laine où l'éclat des couleurs faisait ressortir la richesse et la belle ordonnance du décor. La sculpture n'eut garde de se priver d'une pareille ressource, conforme au goût national. Pour ces peuples, le luxe était le prix de la force et devait aussi en faire la parure ; la somptuosité des vêtements complétait leur idéal de la beauté virile. Cependant, le costume que nous montrent les sculptures assyriennes, si chargé qu'il soit de franges, d'ornements tissés dans le fond, de cordons et de glands tombant jusqu'à terre, se compose d'éléments simples : une tunique cousue, courte ou longue, toujours dépourvue de manches, et laissant voir presque jusqu'aux épaules les bras nerveux ; une large ceinture sanglée comme un ceinturon de guerre et qui conserve au vêtement quelque chose de martial ; enfin un manteau drapé ou roulé de diverses façons suivant la condition des personnes ou la mode de chaque règne. On y retrouve, à quelques détails près, les pièces essentielles du costume drapé des anciens, de ce que l'on appelle le costume antique.

Seulement, les praticiens de cette époque, dans leur travail expéditif, songent moins que jamais à reprendre le timide essai de bonne heure abandonné par l'ancienne statuaire chaldéenne, en cherchant comme elle à rendre les plis de l'étoffe. Ils se sont fait au contraire une règle commode de les supprimer de parti pris. Le costume, tel qu'ils l'interprètent, est tout à plat ; il dessine sommairement le contour général du corps, sans en faire deviner les articulations ni en répercuter les mouvements. L'arrangement et le jeu de la draperie ne se traduisent que par la direction et la courbure des bords extérieurs. C'est une erreur commune de prendre ces courbes conventionnelles pour une coupe donnée à la pièce d'étoffe et d'imaginer ici des tissus rigides, arrondis à coups de ciseaux, quelque chose comme les chasubles de nos prêtres. Botta, dans son grand ouvrage (*Monument de Ninive*, V, p. 84), a refait ainsi un prétendu patron du manteau assyrien avec un trou pour passer le bras gauche ; c'est de la pure fantaisie. Il faut écarter cette fausse apparence, et l'on reconnaît sans peine, avec un peu d'attention, une pièce de forme rectangulaire presque toujours drapée obliquement sur l'épaule gauche à peu près comme le manteau grec. Le châle de l'Inde nous représente encore aujourd'hui le type de ces brillants et souples tissus orientaux. Avec des châles de l'Inde de diverses grandeurs, j'ai pu reproduire, dans mon cours de l'École des Beaux-Arts, tous les ajustements de ces sculptures et leur rendre même, sur le modèle vivant, quelque peu du mouvement et de l'ampleur qu'ils devaient avoir dans la réalité[1]. La principale différence du châle assyrien avec le châle indien, outre le goût mieux ordonné et plus symétrique de la décoration, est qu'il était frangé sur les quatre côtés, et ces franges sont souvent de deux natures différentes : des franges nouées pour les fils de la *chaîne*, de simples franges bouclées pour ceux de la trame. Cette distinction, conforme aux lois du tissage, suffirait à démontrer la forme rectangulaire de l'étoffe,

1. Voir mon étude, *Du principe de la draperie antique* (1893), p. 12 et fig. C.

donnée par le travail même du métier, sans aucune coupe artificielle. Impuissant à reproduire les accidents mobiles et le vivant relief d'un pareil vêtement, l'artiste, pour remplir les vides, a recours à la multiplicité des ornements ; il répète à l'infini, suivant des tracés d'ailleurs très simples et presque toujours les mêmes, qui lui permettent d'aller vite en besogne, ces fleurons, ces bordures, ces franges plus ou moins compliquées, que le costume grec repoussera comme un luxe barbare, nuisible à la légèreté et au bel effet de la draperie. Cette richesse un peu lourde n'en doit pas moins être considérée comme un des traits qui donnent à la sculpture assyrienne son originalité particulière.

Par une exagération du même goût, à la représentation minutieuse des vêtements s'ajoutait celle des parures de métal dont les guerriers d'Assour ne rougissaient pas de charger leurs membres robustes. Homère avait en vue quelque chose de semblable, lorsqu'il raillait ce chef carien, qui « portait de l'or à la guerre comme une jeune fille ». Pour les Orientaux, les bracelets, les colliers, même les longs pendants d'oreilles étaient des marques de puissance et de noblesse qui n'étaient pas réservées seulement aux femmes ; à leurs yeux, le luxe des bijoux se mariait bien au luxe des armes de prix. Armes et bijoux étaient d'ailleurs décorés par les ouvriers assyriens dans un style mâle et plein d'accent, qui s'étendait à tous les objets mobiliers et que la sculpture a reproduit magnifiquement sur la pierre.

Il n'est pas jusqu'à l'arrangement de la chevelure et de la barbe qui n'ait dans les figures assyriennes quelque chose de luxuriant et qui ne cherche aussi à exprimer la force par l'exubérance de la vie. La contradiction est absolue avec l'antique usage de se raser le crâne, commun aux populations de l'Egypte et de la primitive Chaldée ; à peine retrouve-t-on quelques exemples de cette tradition ; encore s'agit-il, soit de tribus subjuguées, qui doivent appartenir à la Mésopotamie inférieure, soit d'une petite figure de sacrificateur, sans doute un prêtre chaldéen. Les Assyriens portent les cheveux demi-longs, fortement ondulés sur les tempes et se ramassant derrière les oreilles en une touffe épaisse de frisures superposées. La barbe tombe carrément; mais, au lieu de former, comme dans les figures chaldéennes barbues, une nappe unie, terminée par une seule rangée d'enroulements, elle est divisée en étages, par plusieurs lignes de boucles, dont la dernière est toujours double ; le nombre et la disposition de ces lignes ne varient que très peu avec les époques ; la dérogation à ces règles fixes indique des nations étrangères et peut même servir à les distinguer entre elles : c'est à la barbe, plutôt qu'aux lignes immuables du profil, que se reconnaît la nationalité. Sur la foi de quelques auteurs grecs, décrivant avec ironie la mollesse d'un Astyage ou d'un Sardanapale, on a voulu voir là des dispositions artificielles, produites par le fer à friser, ou même des postiches. Le fait qu'elle se retrouve dans toutes les figures de soldats, même à la guerre, semble prouver que, sauf dans certains cas particuliers, ce n'est qu'une façon conventionnelle de traduire un caractère ethnique, chez une race dont les cheveux et la barbe frisaient naturellement. La multiplicité apparente des détails, ici comme dans toutes les autres parties de cette sculpture, se ramène à des tracés fixes, préparés très simplement au carreau ; elle ne demande aux escouades d'ouvriers travaillant vite et presque militairement, qu'un minimum de personnalité et d'adresse manuelle; l'art est uniquement dans un petit nombre de premiers modèles et dans les conceptions d'ensemble.

Pour les figures imberbes, elles représentent le plus souvent les eunuques attachés au service du palais; cependant, comme elles se rencontrent parfois en armes, aux premiers rangs de la bataille, il est possible qu'elles se rapportent, dans certains cas, soit à des princes royaux, soit à des jeunes gens des grandes familles, faisant partie de l'escorte du roi. Il n'y a que peu de chose à dire des femmes assyriennes, dont il serait si intéressant de connaître le costume et les habitudes de vie. L'étiquette du harem interdisait alors de les faire paraître même en image et dans les représentations figurées. A part es représentations très rares et tout hiératiques de quelques déesses, et les groupes de captives étrangères, sculptées presque toujours très sommairement, qui défilent dans les scènes de pillages, on peut affirmer que la femme a eu peu de place dans la sculpture assyrienne. Il est vrai qu'il n'en est pas de même dans la gravure des cylindres, où les figures de déesses sont fréquentes. Mais dans le grand art, c'est une infériorité évidente en comparaison de la sculpture chaldéenne, que nous voyons, grâce à des mœurs plus familiales et moins restrictives, s'essayer, non sans succès, dans de nombreuses statuettes, à la reproduction des types féminins [1].

En revanche, on doit attribuer à l'Assyrie un surcroît de hardiesse et de fantaisie dans la composition des êtres surnaturels et imaginaires, dans la combinaison de la forme humaine avec les formes bestiales. On ne se contente plus de les associer deux à deux ; souvent on emprunte à trois ou quatre classes différentes du règne animal les éléments de ces monstres composites. Les figures ailées, en particulier, se multiplient sous l'action d'un symbolisme plus raffiné et peut-être plus profond. Quant aux animaux proprement dits, c'est dans leur représentation que l'école de sculpture montre certainement le plus d'initiative et qu'elle réalise, par l'observation passionnée de la nature, un véritable progrès. Sans doute, les vieux maîtres chaldéens lui avaient légué déjà, à cet égard,

1. Voir mon *Catalogue des antiquités chaldéennes du Louvre*, nos 25, 28, 29, 80, 87, 89, 92, 103, 104 à 107, 191 à 214.

des modèles d'une incontestable puissance ; mais les artistes assyriens, sans ôter à ces modèles rien de leur caractère, savent mieux les mettre en action ; ils leur donnent plus d'expression et de vie et ils ont produit dans cet ordre de représentations une série de chefs-d'œuvre qui ne seront jamais dépassés ; les représentations fantastiques elles-mêmes participent à cette exécution plus vivante et y gagnent une réalité qui les fait paraître plus redoutables.

L. Heuzey.

VII

LA SCULPTURE ASSYRIENNE

Époque d'Assour-nazirbal (IXᵉ siècle).

L'art oriental passe volontiers pour immobile : la vérité est que la lenteur de son évolution le fait paraître stationnaire ; mais on peut dire de lui, suivant le mot célèbre : « Et cependant il marche. » On vient de voir les différences qui distinguent l'art assyrien de l'art chaldéen dont il est sorti. La collection du Louvre nous donne aussi les moyens de comparer deux époques de la sculpture assyrienne assez rapprochées entre elles, puisqu'elles ne sont séparées que par deux siècles environ, l'époque d'Assour-nazirbal (885-860 av. J.-C.) et celle de Sargon (722-705 av. J.-C.) ; cependant, le mouvement dans une même école et dans un même style se marque avec évidence. Quelques monuments de l'un des derniers Sargonides, Assour-banipal (668-626 av. J.-C.), nous permettront même de voir les modifications se continuer à de plus courtes distances.

Pour les figures assyriennes antérieures au IXᵉ siècle, elles sont tout ce qu'il y a de plus rare. Le Musée du Louvre en possède peut-être un seul exemple : une statuette en bronze du roi Assour-dan (voir plus loin notre n° 148). Encore est-elle très mutilée, sans tête et sans bras, ce qui rend malaisé d'en préciser le caractère et le style. Son costume, royal ou divin, se compose d'une tunique longue et d'un châle à franges rejeté en carré derrière le dos, à l'assyrienne, au lieu d'être drapé seulement par l'un de ses angles, comme le manteau grec. Ce qui ne se rencontre pas d'ordinaire, c'est l'emploi de deux lanières ou bandelettes croisées qui maintiennent le vêtement autour du buste. Sur le devant de la robe, une inscription gravée donne le nom du roi, mais sans aucune indication qui permette de le distinguer de ses homonymes moins anciens. Le nom est suivi d'une dédicace à la grande déesse Istar, dans son temple d'Arbèles [1].

L'art de l'époque d'Assour-nazirbal, mis en parallèle avec celui de l'âge suivant, se distingue par une simplicité relative. Les proportions des figures y sont plus courtes et plus trapues ; mais on y trouve en même temps plus de largeur et de caractère dans le style général. Il y a là comparativement une sorte d'archaïsme ou mieux de haute époque, qui marque peut-être l'apogée de l'époque assyrienne, en dépit d'une certaine dureté et d'un reste d'inexpérience dans quelques détails. Ainsi l'exécution des extrémités, le mouvement des mains particulièrement, cette pierre de touche de la perfection du dessin, laissent souvent à désirer. Dans le profil, la courbe moins franche du nez, arrondi et gros du bout, ôte au type du visage quelque peu de l'accent et de la distinction qu'il prendra plus tard. Le petit nombre de sculptures de Nimroud, recueillies par M. Pacifique Delaporte et envoyées par lui au Louvre en 1865, comme complément à notre collection de Khorsabad, suffit à donner une idée de

---

1. La bonne traduction a été donnée par Fr. Thureau-Dangin dans la *Revue d'Assyriologie*, t. VI (1907), pp. 133-134.

cet art (nᵒˢ 1 et suiv.). Cependant on n'y peut pas juger du travail sobre et puissant de la ronde bosse, tel qu'il se montre dans les grandes figures d'animaux ou de génies fantastiques à tête humaine qui décoraient les portes. Mais un moulage du British Museum comble heureusement cette lacune, en nous montrant un lion ailé employé au même usage que les taureaux de Khorsabad (notre nᵒ 82). De même les doubles zones de bas-reliefs qui figuraient les expéditions militaires et les chasses du roi ne sont représentés que par un seul fragment peu significatif (nᵒ 11). Il faut encore recourir aux moulages venus de Londres (nᵒˢ 86 à 98) pour apprécier le beau goût de sobriété et de clarté qui concentrait l'action dans quelques figures, groupées le plus souvent autour de la figure royale ; une autre série, de proportions plus petites, placée d'ordinaire dans le champ supérieur de la plaque sculptée et formant un second plan, occupait les vides, complétait chaque tableau et achevait de l'expliquer par des détails bien choisis. Les accidents du terrain, sommairement tracés, ne sont que des indications, et non, comme dans la suite, de véritables paysages sculptés cherchant à rendre le pittoresque de la nature. De pareils traits montrent une science de la composition qui est spéciale à cette époque.

Au moins possédons-nous quelques-unes des figures mythologiques, de celles qui encadraient ou coupaient par endroits les deux files superposées des scènes historiques, et nous avons de plus une des grandes représentations royales (nᵒ 7), qui jouaient le même rôle dans la décoration intérieure. Elles permettent de bien comprendre les caractères qui distinguent les reliefs de cette époque. Les sculpteurs procédaient alors par larges surfaces planes, peu saillantes sur le fond, mais nettement découpées par des bords abrupts et tranchants, qui laissent aux contours de chaque figure une valeur domi-

— 42 —

nante. Les détails sont modelés en creux, et les ornements plutôt gravés que sculptés. On offrait aussi par ce genre de travail un champ bien préparé pour les grands partis de couleur, et, lorsque le peintre y avait passé, l'effet produit devait être assez semblable à celui d'une magnifique tenture.

L. HEUZEY.

VIII

LA SCULPTURE ASSYRIENNE

Époque de Sargon II et d'Assourbanipal (VIII° et VII° siècles).

Dans le palais de Khorsabad, construit par Sargon II (722-705), prennent place trois genres de reliefs sculptés.

1° Grandes sculptures de haut relief, presque en ronde bosse, placées près des portes, avec le rôle de défense et de protection religieuse ; figures de taureaux ailés à tête humaine (n⁰ˢ 12 à 15), de génies à quatre paires d'ailes (n° 18), du héros chaldéen Ghilgamès étouffant un lion sous son bras replié (n⁰ˢ 16, 17). Par un phénomène qu'on observe souvent dans l'histoire de l'art, la taille des personnages s'accroît ; celles du ix° siècle étaient plus réduites et plus modestes. Le relief se fait aussi plus saillant ; il tend à la plastique de ronde bosse ; certaines têtes, telles que celles des taureaux ailés, du grand génie, du héros Ghilgamès, sont faites comme celle d'une statue. De même, en Grèce, les stèles funéraires à figures de haut relief remplaceront les stèles presque plates du v° siècle ; de même, la frise de la Gigantomachie de Pergame fait contraste, par ses saillies puissantes, avec celle du Parthénon. On ne voit plus passer à travers les personnages eux-mêmes les longues bandes d'inscriptions qui, auparavant,

comme une sorte d'affiche naïve et orgueilleuse, coupaient
en deux les sujets ; mais un emplacement leur est réservé au-
dessus des panneaux, ou bien la formule est inscrite d'une
façon plus discrète sur le relief même, par exemple entre
les pattes des taureaux ailés. On constate aussi que l'inscription peut se trouver au revers des plaques et, par consé-
quent, dissimulée et appliquée contre la muraille (voir notre
n° 99 qui est le moulage d'un texte ainsi placé).

2° Reliefs à sujets historiques (n⁰ˢ 28 et suiv.). L'intention
de consacrer la décoration à la gloire du roi, à ses exploits,
même à sa vie intime et familière, gagne du terrain. Sans
doute la religion a toujours une large part dans le choix des
sujets, surtout aux abords des portes et sur les murs d'enceinte. Mais de plus en plus l'artiste se fait historien et pané-
gyriste ; il raconte et il immortalise les faits et gestes de son
souverain.

3° Reliefs à plusieurs registres. On voit poindre à Khorsabad ce genre qui trouvera un grand développement à Koujoundjick, à l'époque d'Assourbanipal (n⁰ˢ 61 et suiv.). Les sujets
comprennent des personnages de petite dimension et tous sont
superposés en plusieurs zones parallèles. Le plus souvent ils
ornent les chambres intérieures du palais ; les détails sont ciselés avec plus de minutie et de finesse. On se préoccupe moins
de l'effet de force, de vigueur et d'énergie que dans la période
antérieure ; on recherche des effets de richesse, de luxe élé-
gant. Dans les traits des personnages on observe aussi
quelques modifications de style ; dans le nez une courbe
mieux étudiée et moins prononcée, dans les yeux une obli-
quité très prononcée, un développement considérable du
front en signe d'intelligence, le menton plus gras et plus
rond au lieu d'être osseux, les doigts et les ongles exprimés
avec soin.

Au temps d'Assourbanipal (668-626) ce sont les mêmes

principes qui se fortifient, les mêmes thèmes qui s'enri-
chissent. Le naturalisme et le réalisme expressif des scènes
deviennent surtout frappants dans le paysage, dans l'interprétation des arbres et des rochers, surtout dans l'exécution
des animaux, dans le détail minutieux des ornements sur les
costumes. Comme on peut le voir par quelques-uns de nos
plus beaux spécimens, par exemple le roi sur son char
(n° 62), le relief devient en quelque sorte un grand camée,
artistement ciselé, où les broderies, les bijoux, les boucles
de la chevelure et de la barbe sont détaillés avec un soin
curieux, quelquefois même au détriment de la plastique
humaine qui disparaît un peu sous la somptuosité du vêtement. Mais le sculpteur prend sa revanche quand il représente
l'animal dans toutes ses attitudes de repos, d'attaque ou de
fuite. A cet égard, l'époque d'Assourbanipal est sans ri-
vale et a produit de vrais chefs-d'œuvre. Le Louvre ne peut
pas mettre en ligne des pièces célèbres comme les molosses
de chasse, la lionne blessée, la lionne au repos, le lion cra-
chant le sang, la fuite des onagres, qui sont les joyaux du
Musée Britannique (voir Perrot-Chipiez, II, fig. 262, 264,
267, 269, 270) ; mais on verra ici des représentations de chevaux ou de bœufs attelés (n°s 64 et suiv.) qui font comprendre
pourquoi l'on compte les artistes assyriens au nombre des
meilleurs « animaliers ».

E. P.

II

DESCRIPTION

DESCRIPTION

I

SCULPTURES DU PALAIS DE NIMROUD (ANC. KALAKH)

Époque d'Assour-nazirbal (885-860 av. J.-C.)

Sujets mythologiques.

1. — Grande figure de **Génie protecteur**, à quatre ailes, deux levées et deux abaissées, barbu, coiffé de la tiare ovoïde à deux paires de cornes, vêtu de la tunique courte et du châle drapé à franges, présentant de la main droite levée la pomme de cèdre, tenant de la main gauche un vase en forme de situle. (Pour l'étude de tous ces accessoires, voir le n° 2.)

Une inscription de vingt-cinq lignes passe à travers le milieu du personnage. Elle existe à de nombreux exemplaires sur les figures du temps d'Assour-nazirbal. Le sens général est celui-ci : Palais d'Assour-nazirbal (énonciation des titres du roi), fils de Toukoulti-ninip ; énumération des conquêtes en pays ennemi depuis le Tigre jusqu'au Liban et à la mer Méditerranée ; reconstruction de la ville de Kalakh fondée par Salmanasar; un peuple de captifs de tous pays y est rassemblé ; le roi l'entoure d'enceintes, y élève des palais en bois précieux qu'il orne de sculptures, etc. (Voir les textes édités par Layard, *Inscript. in the cuneif. charact.*, 1861, pl. 1-11 ; Talbot, dans les *Proceedings of the Soc. of antiq. of Scotland and Edinburgh*, 1866, VI, p. 1 et suiv. ; dans *Records of the Past*, 1876, anc. série, VII, p. 9 et suiv. ; E. Schrader, *Inschrift. Asurnazirhabals*, 1879).

Le personnage est brisé dans la partie inférieure ; la sculpture endommagée a été recomposée avec plusieurs fragments, ce qui l'a fait placer sur un panneau à contre-jour.

Haut. 2.30. Larg. 1.50.

Pas de numéro d'inventaire. Don de M. Pacifique Delaporte, en 1865.

E. P.

2. — Grande figure de **Génie protecteur**, à deux ailes, l'une levée, l'autre abaissée, barbu, coiffé de la tiare ovoïde à deux paires de cornes. Cette forme de tiare, arrondie par le haut, est, à elle seule, un attribut distinctif des génies, au moins de certains d'entre eux. On s'étonne qu'un archéologue aussi sagace qu'Adrien de Longpérier ait pu encore publier une pareille figure comme l'image même du roi Assour-nazirbal.

Le vêtement est composé de la tunique courte et du châle étroit, drapé obliquement sur l'épaule gauche. On distingue très nettement un des angles droits de l'étoffe, rejeté derrière le dos avec sa rangée de franges nouées et de glands, qui reparaissent aussi sur le bord inférieur tout à fait rectiligne. Cette figure est un bon modèle pour étudier les moindres détails du costume au temps d'Assour-nazirbal : large ceinture, dans laquelle sont passés trois poignards, dont l'un plus petit, sorte de couteau, a son manche terminé par une tête d'animal ; cordons d'attache appartenant sans doute à une première ceinture plus simple et tombant jusqu'à terre ; parures d'un goût à la fois riche et sévère, pendants d'oreilles, collier de perles, armilles et bracelets, sandales découvrant le pied et tenues à l'orteil par un anneau.

Le génie porte, suspendue de la main gauche, une *situle*, **sorte de petit seau de métal**, que son anse mobile, accrochée à des anneaux fixes, ne permet de confondre ni avec un vase de terre, ni avec un panier. La main droite élevée tient presque horizontalement un objet conique, ayant tout à fait l'apparence d'une pomme de pin, et semble en diriger avec intention l'extrémité vers un point fixe.

Devant la figure, le bord de la plaque de pierre laisse dépasser une superposition de grandes palmettes ; c'est l'un des côtés de ce que l'on est convenu d'appeler l'*arbre sacré*. L'autre partie devait se développer sur une autre plaque, où elle était accostée d'une seconde figure identique à la première, mais lui faisant face. On remarquera que le cône tenu par notre génie vient justement effleurer de sa pointe une des palmettes placée vers la partie supérieure de cet arbre symbolique.

Il s'agit ici d'une scène religieuse essentiellement assyrienne, très souvent reproduite sur toute espèce de monuments (voir nos nos 4, 5, 18, 21, 22, 23). Le sujet, pris en général, se rapporte évidemment au culte de l'arbre sacré, culte d'adoration comme aussi de protection. Il ne peut y avoir de doute que sur le caractère exact et sur les détails du rite que nous voyons s'accomplir ; c'est là que les hypothèses se sont donné carrière. Une des plus récentes et des plus ingénieuses est celle qui cherche l'origine de cette cérémonie dans une pratique agricole très anciennement usitée en Mésopotamie : la fécondation artificielle du palmier [1]. Pour cela, on allègue la ressemblance de l'inflorescence mâle du palmier avec l'objet conique tenu par les génies. L'explication est séduisante ; voici, en quelques mots, pourquoi je ne saurais m'y ranger.

---

[1]. Proposée par E.-B. Tylor, dans les *Proceedings of the Soc. of biblic. Archaeol.*, 1890. — La question a été reprise et généralisée par Goblet d'Alviella dans *Bulletin de l'Acad. roy. de Belgique*, 3ᵉ série, t. XX, p. 359-374, 1890. — Cf. du même, *La migration des symboles*, 1891, in-8°, p. 172 et suiv.

4

D'abord, comme plusieurs autres figures nous le montre
ront, les mêmes génies, exactement dans la même attitude,
sont souvent aussi représentés isolément, sans aucun rapport
avec le mythe de l'arbre (nos n⁰ˢ 3, 4, 18, 21, 22, 23). Il y a
mieux : parmi les nombreuses scènes gravées sur le manteau
d'Assour-nazirbal, dans une figure bien connue, c'est le roi
en personne qui se tient debout entre les deux génies affrontés, tournant vers lui leurs cônes protecteurs [1]. Faut-il ajouter qu'il y a une seconde forme de l'arbre sacré, où les palmettes sont remplacées par des cônes exactement semblables
à l'attribut des génies ? Ce serait, en conséquence, un
arbre mâle ; mais alors, quel besoin de le féconder [2] ?

Une autre raison, que l'on n'a pas fait valoir, c'est que les
Assyriens empruntaient volontiers la forme du même cône
écailleux, en la retournant, pour terminer les pieds de leurs
meubles [3] (voir n⁰ˢ 33, 34). Est-il possible d'imaginer des lits,
des tables, des trônes, portant, même en apparence, sur
quelque chose d'aussi fragile et d'aussi peu consistant que les
pointes renversées de quatre inflorescences de palmier ?
Enfin il existe, dans les textes magiques chaldéens, une formule de conjuration qui ne laisse subsister aucun doute :
« Prends le fruit du cèdre », dit ce texte, « et présente-le à
la face du malade » ; le cèdre est « l'arbre qui donne le charme
pur et qui repousse les démons ennemis tendeurs de pièges [4]. »

1. Layard, *Monuments of Nineveh*, pl. 6.
2. *Ibid.*, pl. 9. Le plus logique serait d'admettre chez les Assyriens
deux arbres sacrés, ayant pour prototypes dans la nature, l'un le palmier, l'autre le cèdre.
3. Layard, *loc. cit*, pl. 77. Cf. *idem*, 2ᵉ série, pl. 20.
4. Signalé par F. Lenormant dans ses *Origines de l'histoire*, pp. 83-
84. Cela explique peut-être que, par tradition, la statue chryséléphan-
tine d'Esculape à Sicyone, œuvre du sculpteur Calamis, ait encore
porté comme attribut une pomme de pin, suivant Pausanias (II, 10, 3).
J'ai moi-même retrouvé un exemple bien lointain de la même tradition, en France, à Bayeux, dans un bas-relief romain, où l'on voit un

Après cela, il n'y a plus qu'à donner, une fois pour toutes, le nom de pomme de cèdre à l'objet placé dans la main de notre figure et des autres semblables.

Si le cèdre a ce pouvoir de conjuration, ce n'est pas uniquement par l'incorruptibilité de son bois, par les vertus préservatrices, balsamiques, médicinales, et même toxiques de l'essence que les anciens en tiraient. Il faut y ajouter la forme même de son fruit, qui participe à la puissance défensive attribuée aux cornes de taureau et à tous les objets pointus. On remarquera que la main, indépendamment du cône dont elle est armée, fait le geste employé dans beaucoup de pays pour écarter le mauvais sort. Pour moi, cependant, il y a ici encore un double symbolisme : ce fruit, comme celui des autres conifères en tout pays, est, de plus, par sa facilité à s'enflammer, un producteur du feu. Virgile nous montre la magicienne Circé brûlant, pendant la nuit, le cèdre odorant sur les grands lampadaires de son palais [1] :

> . . . . *tectisque superbis*
> *Urit odoratam nocturna in lumina cedrum.*

Le petit seau, que nous avons démontré plus haut être un récipient métallique (cf. aussi le n° 3), contenait l'eau, celle des fleuves sacrés, si l'on veut. Ces génies tutélaires représentaient ainsi dans le palais les deux éléments de la vie, l'eau et le feu.

Dans ces proportions un peu plus que naturelles, le groupe complet occupait souvent, nous l'avons dit, soit le fond des

petit génie du dieu Mên ou Lunus (succédané du dieu assyrien Sin), portant le croissant sur les épaules, et tenant encore la pomme de pin ou de cèdre, exactement avec le geste des anciens génies assyriens (voir *Revue archéologique*, nouv. sér., vol. XIX, 1869, I, pl. 1, p. 4 : *Le dieu Mên à Bayeux*).

1. Virgile, *Æneid.*, VIII, v. 12-13.

salles, soit leurs encoignures, le tronc de l'arbre répondant à l'angle même de la construction et les rameaux se développant sur les deux faces adjacentes.

Le milieu du bas-relief est coupé par un fragment de la grande inscription royale de 18 lignes dont nous avons parlé plus haut (n° 1).

L. H.

Haut. 2.27. Larg. 1.28.

[Pas de numéro d'inventaire. Trouvé à Nimroud (palais de Kalakh). Donné par Pacifique Delaporte, consul général de France à Bagdad, en 1865. Publié par A. de Longpérier, *Musée Napoléon III, Choix de monuments antiques*, pl. VII, n° 1 ; il y reconnaissait à tort la figure du roi d'Assyrie, Sardanapale III.]

3. — Autre grande figure de **Génie ailé et barbu**; mais celui-ci, d'un rang sans doute moins élevé, porte seulement, au lieu de la tiare cornue, une couronne formée d'ondulations et décorée en avant d'une large rosace octopétale (colorée en pourpre sur d'autres figures du même genre [1]). Il est vêtu aussi de la tunique courte et du manteau étroit découvrant les genoux ; on suit très bien le jet de ce vêtement drapé, tel qu'il se présentait sur le côté gauche. La main droite ne tient plus la pomme de cèdre ; elle est levée et ouverte [2] en signe d'adoration ou de salutation, geste de toute manière favorable. L'autre main cependant tient toujours le petit seau à anse mobile, et, comme il n'y a d'autre part sur la pierre aucune trace de l'arbre mystique, on doit en conclure que ces deux symboles ne sont liés entre eux par aucune relation nécessaire. Ainsi disparaît le petit

1. Cf. Layard, *Monuments of Nineveh*, pl. 92.
2. Geste fréquent chez les génies ailés de Nimroud, génies imberbes offrant des présents à l'arbre sacré, génies virils à la tiare cornue, isolés comme celui-ci. Voir Layard, *Monuments of Nineveh*, pl. 7 et 7 A, 37, 38.

panier qui devait renfermer les fleurs du palmier mâle. Ce vase de métal, très analogue à la *situle* égyptienne, est bien plutôt fait pour contenir un liquide, peut-être ici une eau lustrale quelconque. Notez que, sur un autre bas-relief du même palais, on le voit tenu ainsi par un tributaire qui apporte des objets d'orfèvrerie, et sans doute en même temps quelque essence précieuse. Pour tous les autres détails, il y a la plus grande conformité avec la sculpture précédemment décrite.

L. H.

Haut. 2.26. Larg. 1.23.
[Même provenance. Don P. Delaporte. Voir notre pl. 2.]

4. — Moyenne figure de **Génie ailé**, reproduisant en plus petit le type et l'attitude des n°s 1 et 2 ; la plaque ne porte aucun vestige de l'arbre sacré. Cette sculpture appartient, comme la précédente, à la série des bas-reliefs alignés sur deux rangs, pour garnir les parois des salles et quelquefois des entrées ; on voit ici un fragment de la grande inscription murale, donnant les mêmes formules ; mais, au lieu de couper le milieu de la figure, les lignes d'écriture cunéiforme passent dans la partie inférieure, séparant les deux zones de représentations superposées.

L. H.

Haut. 1.08. Larg. 0.68.
[Pas de numéro d'inventaire. Même provenance. Don P. Delaporte. Voir notre pl. 2.]

5. — Moyenne figure représentant un **Génie à deux ailes et à tête d'aigle** ; pour le reste, il est absolument vêtu comme les précédents, sauf qu'il a les pieds nus. La crête de plumes dressées sur sa tête a fait penser à une espèce particulière de rapace qu'on appelle le percnoptère ; mais les griffons assyriens portent aussi cette sorte de crête jusque sur le dos ; il faudrait donc parler plutôt d'un génie à tête de griffon, si l'ornithologie ne devait être appliquée que très prudemment à de pareilles figures composites. Les deux symboles du seau et de la pomme de cèdre se retrouvent ici exactement placés comme dans la première figure, et de plus la représentation de l'arbre sacré y est à peu près complète. Le tronc, surmonté d'une grande palmette et coupé de chevrons, selon le style du temps, se dresse en forme de colonne, d'où partent symétriquement des enroulements végétaux, avec tout un treillis de branches terminées par des palmettes plus petites. C'est, parmi les nombreuses représentations analogues, l'exemple où le divin buisson est mis le plus directement en contact avec la pomme de cèdre, dont la pointe paraît venir toucher le centre de l'une des palmettes. Aussi les savants qui ont adopté l'hypothèse de la fécondation artificielle du dattier (cf. n° 2) n'ont-ils pas manqué de reproduire cette sculpture comme un de leurs meilleurs arguments ; le malheur est que l'opération, telle que nous la décrit Hérodote, n'a rien de commun avec ce que l'on voit ici. Ce n'était pas par un simple attouchement que les anciens habitants de la Mésopotamie y procédaient ; ils liaient des rameaux entiers de l'arbre mâle aux arbres à fruits, de façon que le pollen se répandît en abondance sur les fleurs femelles. Il ne faut donc pas vouloir chercher autre chose que l'accomplissement d'une pratique plus générale de protection religieuse, s'étendant à toute végétation et même à toute vie. C'est une raison à joindre à celles que nous avons données plus haut.

L. H.

Haut. 1.03. Larg. 0.88.

[Pas de numéro d'inventaire. Même provenance. Don P. Delaporte. Publié par A. de Longpérier, *Musée Napoléon III*, pl. VII, n. 2 ; Perrot-Chipiez, *Hist. de l'Art*, II, p. 64, fig. 8. Voir notre pl. 3.]

6. — Grande figure de **Génie à pattes d'aigle et à buste humain**. Quatre ailes sont fixées à ses épaules, et sa tête barbue porte la tiare arrondie à deux paires de cornes. Derrière sa large ceinture, dans laquelle sont passés un poignard et un couteau (celui-ci pourvu d'un manche en tête de cheval), on voit se détacher une queue articulée et fortement recourbée, que d'autres exemples plus complets font reconnaître pour une queue de scorpion. A l'endroit du sexe sort une tête de serpent dressé, au corps squameux [1]. La main gauche abaissée tient un manche orné de chevrons, sans doute la poignée de quelque arme ; le bras droit est levé, mais la main a disparu, comme une partie de la gauche, par suite des cassures qui détériorent sur plusieurs points le bord du bas-relief ; il faut le regretter d'autant plus que la représentation est unique dans ces grandes dimensions. A première vue, divers caractères sembleraient indiquer plutôt un démon malfaisant; mais plusieurs petites figures, en particulier parmi celles qui sont gravées sur des vêtements, nous montrent deux génies de cette forme tenant le seau et la pomme de cèdre, et veillant aussi autour de l'arbre sacré [2]. La tiare cornue aurait suffi d'ailleurs pour nous avertir que nous avions encore affaire ici à une classe particulière de génies protecteurs. Le même type, avec une forme un peu différente, le corps se rapprochant davantage de celui d'un oiseau, est fréquemment reproduit sur les cylindres chaldéo-babyloniens, et il a été assimilé aux *hommes-scorpions*, gardiens du soleil [3], mentionnés dans

---

1. [Pour ce détail il faut rapprocher le monstre ailé du relief publié par Layard, *Monum. of Nineveh*, seconde série, II, pl. V, et le démon de la Plaque des Enfers étudié par Clermont-Ganneau, *Revue archéol.*, 1879, II, p. 340 ; Perrot-Chipiez, *Hist. de l'Art*, II, p. 364, fig. 162].

2. Layard, *Monuments of Nineveh*, pl. 44, fig. 2. Cf. pl. 95 A, fig. 10.

3. Voir Smith, *Chaldean account of Genesis*, p. 248. Cf. Menant, *Cylindres de la Chaldée*, p. 147.

la légende de Ghilgamès (ancien Isdoubar), l'Hercule chaldéen.

L. H.

Haut. 2.18. Larg. 0.83.

[Pas de numéro d'inventaire. Même provenance. Don P. Delaporte. Publié par A. Jeremias, *Das alte Testament*, 2e édit., p. 581,
fig. 195 ; Hunger et Lamer, *Altorientalische Kultur im Bilde*, fig.
102. Voir notre pl. 4.]

Le roi et son entourage.

7. — Le roi Assour-nazirbal et son écuyer. — Deux grandes
figures sur une même plaque représentent le roi debout, et derrière lui un des officiers du palais qui porte les armes royales.
C'est une des représentations principales, qui occupait certainement une place d'honneur dans le palais de Kalakh. L'état
assez fruste de la surface et la brisure qui a enlevé toute la
partie inférieure ne doivent pas empêcher de reconnaître la
beauté de l'œuvre et le soin particulier de l'exécution.

Le roi d'Assour, appuyé sur son arc, dont l'extrémité est
recourbée en tête de cygne, tient entre les doigts de sa main
droite, levée et ouverte, deux flèches dont les pointes sont
tournées en haut. Il est, en effet, le grand archer, dont les
traits tombent sur les villes ennemies, comme ceux de la
foudre, et suffisent à les réduire (voir nos nos 87 à 90). Cette
attitude menaçante est celle qui est donnée au roi après la
victoire, quand il préside au jugement et à l'exécution des
captifs, prêt à les percer lui-même, si leur langage suscite
sa colère, ou si sa rancune y trouve quelque plaisir. La scène
complète nous est donnée par un bas-relief de Ninive au
British Museum, représentant le roi Sennachérib, après la
prise de la ville de Lakish en Palestine, avec cette seule
différence que le roi y est assis sur son trône [1].

1. Layard, *Monuments of Nineveh*, 2e série, pl. 23. Pour Assour-nazirbal lui-même, cf. *ibid.*, 1re série, pl. 23.

L'insigne royal par excellence est la tiare en forme de cône tronqué, surmontée d'une pointe, et ceinte d'un bandeau d'étoffe qui se rétrécit par derrière, pour se nouer en deux bouts frangés et tombants. Dans la mode de cette première époque, la tiare est encore assez basse et l'on y retrouve bien le « bonnet de feutre souple [1] » dont la partie inférieure prend la forme de la tête. Sur une brique émaillée du même roi, tiare et bandeau royal sont coloriés en blanc [2]. Quant à la pointe, c'est l'*apex*, qui, chez les Étrusques, fort imbus des usages orientaux, et, après eux, chez les Romains, surmontait le bonnet de laine blanche des flamines et des pontifes, pour écarter les oiseaux de mauvais augure, comme il protège ici la tête royale contre les influences néfastes.

On remarquera encore le grand châle à deux sortes de franges, rejeté sur l'épaule gauche, et couvrant la tunique longue sans manches ; les bijoux, boucles d'oreilles, armilles, bracelets, ne diffèrent pas sensiblement de ceux des autres figures, sauf le collier, qui était peut-être formé d'incrustations. Aux deux poignards de la ceinture s'ajoute une longue épée, suspendue presque horizontalement sur la hanche gauche, avec sa poignée travaillée au tour, et son fourreau terminé par deux lions, dont les têtes retournées dessinent en saillie une double volute, disposition ingénieuse dont la mode se répandit alors jusque chez les peuples barbares de l'Europe occidentale, dans les fourreaux d'épées de la belle époque du bronze.

1. C'est la définition du mot par Hérodote (VII, 61) : Τιήρας.. πίλους ἀπαγέας. Le bandeau qui vient compléter la tiare est au contraire ce que les Grecs appellent la *mitre*, μίτρα. Ce sont, à l'origine, les deux éléments qui n'ont pas cessé de constituer la coiffure orientale : le *fez* entouré du *sarik*, forme du turban plus ou moins développée.

2. Layard, *Monuments*, 2ᵉ série, pl. 55, nᵒ 6.

L'officier de la maison royale, probablement un grand eunuque, en même temps qu'il évente le roi avec le chasse-mouches, remplit l'office d'écuyer (*armiger*) ; il porte, avec le carquois, un arc de rechange et il est armé d'une épée toute pareille à celle du roi. Son châle à longs effilés, plié et serré en ceinture autour de sa tunique longue, est ensuite repassé obliquement sur l'épaule gauche, un peu comme le *plaid* des highlanders, et forme baudrier sur la poitrine. Pour le reste, mêmes bijoux que pour les figures précédentes, même coiffure, à laquelle ne manque même pas une queue de cheveux qui se détache de la masse frisée et tombe dans le dos, sans doute en souvenir de la chevelure longue des anciens chefs.

Le voisinage des deux figures offre une excellente occasion de comparer les traits du visage et de constater que le profil du serviteur, à part la barbe qui lui manque, est identique à celui du maître ; ils semblent calqués l'un sur l'autre. Si l'on étend la comparaison aux figures des génies, on est forcé de reconnaître avec regret que nous n'avons point ici un portrait du roi Assour-nazirbal, fait à sa ressemblance, mais simplement la répétition, plus ou moins soignée selon les personnages, d'un type d'époque et de race, appliqué par les artistes du même temps à toutes leurs figures. [Une inscription de dix-huit lignes, fort endommagée, passe au milieu des deux personnages. Elle énumère les titres du roi et ses conquêtes, la construction ou le relèvement de plusieurs villes.]

Cette sculpture provient aussi du palais de Kalakh. Son médiocre état de conservation l'a fait reléguer jusqu'ici à contre-jour, mais c'est un remarquable morceau qui mérite l'attention. L. H.

Haut. 1.63. Larg. 2.15.
[Inv. Napol. III, n° 2855. Même provenance, mais il ne fait

pas partie du don Delaporte et il a dû être rapporté par V. Place (voir plus haut, p. 19), qui l'a publié, *Ninive et l'Assyrie*, III, p. 58, n° 1. Voir notre pl. 5.]

8. — Figure détachée d'un autre **Serviteur royal**, imberbe comme celui que nous avons décrit précédemment à la suite du roi, sans doute aussi un eunuque du palais, mais d'ordre secondaire ; car, s'il porte également sur sa robe longue le châle à franges, plié de manière à former à la fois écharpe et ceinture, il lui manque le collier et la longue mèche de cheveux tombant dans le dos. Ses deux mains sont simplement croisées, dans l'attitude orientale bien connue de l'attente respectueuse et toute passive. Le bas-relief est brisé aussi par le bas ; on peut supposer qu'il faisait partie d'une scène analogue, comme un des serviteurs qui se tiennent ordinairement en face du roi pour recevoir ses ordres.

Cette figure, quoique très simple, se trouvant exposée en bonne lumière, est une de celles où l'on peut le mieux étudier le style de l'époque, surtout la conformité que le profil conserve encore avec celui des statues chaldéennes, en particulier avec la *tête rasée* (probablement de Goudéa), que l'on voit dans la même salle (n° 54 de notre *Catalogue des antiquités chaldéennes*, p. 191). On y remarquera d'autre part combien le dessin des mains, dans leur mouvement compliqué, reste maladroit et incorrect. Ces figures secondaires ont non-seulement la tête, mais le corps tout entier de profil, tandis que les figures principales, par une convention qui se retrouve dans l'art égyptien et jusque dans les bas-reliefs grecs de la plus belle époque, tournent leur torse et leurs épaules de face, sans doute pour ne pas perdre, suivant l'expression d'un auteur ancien, « cette dignité qui est dans l'amplitude de la poitrine [1] ». — L. H.

1. Quintilien, *De institutione oratoria*, XI, 34, 141

Haut. 1.26. Larg. 0.73.
[Pas de numéro d'inventaire. Même provenance. Don P. Delaporte.]

9. — Autre figure du **Roi d'Assyrie**, plus petite, provenant du même palais de Kalakh. Barbu et tourné à droite, coiffé de la tiare avec les bouts retombants de la mitre, vêtu d'une longue tunique unie, sans plis, l'épée au côté dont le bout dépasse à gauche, il lève le bras droit (brisé) et de la main gauche abaissée tenait un objet, sans doute la masse d'armes.

E. P.

Haut. 0.92. Larg. 0.42.
Pas de numéro d'inventaire. Même provenance. Don P. Delaporte.

10. — Groupe de deux **Soldats barbus**, dont l'un est coiffé d'un casque à haute pointe, qui tirent de l'arc vers la droite, en se profilant l'un sur l'autre. E. P.

Haut. 0.90. Larg. 0.53.
Pas de numéro d'inventaire. Même provenance. Don P. Delaporte. Publié par Perrot-Chipiez, *Hist. de l'art*, II, p. 542, fig. 252.

Sujets militaires

11. — **Forteresse assiégée**. Le Musée du Louvre ne possède que ce fragment des scènes militaires de l'époque d'Assour-nazirbal. On voit qu'il a dû être coupé dans une plaque plus grande, probablement mutilée. Deux étages de remparts superposés sont flanqués de tours très hautes dont la partie supérieure s'élargit en surplomb, comme les hourds de nos anciennes forteresses, avec de petites fenêtres et un couronnement de créneaux triangulaires. Sur l'une des plus hautes tours, on voit deux petites figures de guerriers dont l'un se penche au-dessus des créneaux (pour tirer de l'arc ?), tandis que l'autre le protège avec un bouclier rond et tient une lance. Le premier est coiffé du petit bonnet plié qui caractérise ordinairement les populations de la Syrie et des régions voisines. Sur deux autres tours sont montés une femme, coiffée d'un grand voile, et un homme barbu ; tous deux tendent la main en signe de soumission au vainqueur. Ce qui est très particulier, c'est que la forteresse, représentée en élévation, est encadrée en même temps dans une partie de son plan circulaire. — L. H.

Haut. 0.98. Larg. 0.75.
[Pas de numéro d'inventaire, Même provenance. Don P. Delaporte.]

SCULPTURES DU PALAIS DE KHORSABAD (ANC. DOUR-SARYOUKIN)

Époque de Sargon II (722-705 avant J.-C.).

Sujets mythologiques.

12. — **Taureau ailé à face humaine**, engagé par le côté droit dans un bloc d'albâtre. Les cheveux et la barbe sont bouclés ; les oreilles ornées de pendants ; la tête surmontée d'une tiare étoilée et couronnée par une rangée de plumes droites ; entre les jambes de l'animal se voient deux inscriptions encadrées par un filet, et dont toutes les lignes sont séparées par un trait. La plus considérable, qui a 31 lignes, commence par la formule royale ; la seconde est de 21 lignes.

A. L.

Haut. 4.20, Larg. 4.36.
[Voir le commentaire placé après le n° 15.]
[Inv. Nap., 2856. Catal. Longpérier, n° 1. Voir notre pl. 6 ; cf. la pl. 4.]

13. — Autre **Taureau**, tout semblable au précédent auquel il fait pendant. Le flanc gauche est engagé dans le bloc ; entre les jambes sont deux inscriptions différentes des premières et composées de 32 et de 22 lignes. — A. L.

Haut. 4.20. Larg. 4.40.
[Inv. Nap. 2857. L. P. 3485. Catalog. Longpérier, n° 2. Cf. notre pl. 4.]

14. — Autre **Taureau** tourné à droite. Il est un peu plus grand que les précédents ; entre les jambes sont tracés deux cadres renfermant deux inscriptions cunéiformes du même genre. — E. P.

Haut. sans le socle 3.72 ; avec le socle 4.25. Larg. 4.12.
Inv. Nap. 2858. Reproduit par Maspero, *Au temps de Ramsès et d'Assourbanipal*, p. 227, fig. 121. Voir notre planche 7.

15. — Fragment d'une tête de Taureau à face humaine.

Haut. 1.17. Larg. 0.70.
Inv. Nap. 2859. Cat. Longpérier n° 3.

Ces grandes figures de taureaux ailés, à tête humaine, personnifiant la puissance divine et remontant aux origines mêmes de la religion fétichiste des Orientaux, étaient disposées en avant des portes ou sur les façades des palais royaux comme symboles de protection et de défense contre tout ennemi ou toute influence maligne (ci-d. p. 22, 25, 29). La combinaison de la tête humaine, des ailes de l'aigle, du corps du taureau (quelquefois avec les pattes du lion), exprime la plus grande somme d'intelligence et de force qu'on puisse attribuer à un être vivant. Par une convention qui résulte de la perspective architecturale permettant de voir le dieu-animal de face ou de profil, le sculpteur lui a donné cinq pattes, de façon à le montrer toujours complet au spectateur qui le regarde sous tel ou tel angle. La désignation spéciale de ces dieux protecteurs est donnée, dans les inscriptions, sous la forme *schedou* ou *lamassou*. On peut les comparer aussi aux *keroub* de la Bible.

Sur les quatre grands taureaux ailés qui décorent la salle du trône, deux ont été rapportés de Khorsabad par Botta (n°s 12 et 13) avec le fragment de tête d'un autre taureau (n° 15) et placés à la limite qui sépare la grande salle de la petite. Le troisième taureau (n° 14), à droite après le vestibule d'entrée, provient des fouilles de V. Place, bien que cette origine ne soit mentionnée ni dans l'Inventaire du Musée

ni dans le Rapport de M. de Nieuwerkerke daté de 1869 ;
nous avons dit plus haut (p. 19) ce qui nous avait permis
d'aboutir à cette conclusion. Le quatrième taureau (n° 84),
à gauche en entrant, est un surmoulage du taureau n° 12,
destiné à compléter le décor d'ensemble de la salle.

Entre les pattes des taureaux sont placées de longues inscriptions cunéiformes dont chacune n'est qu'une partie du
texte qui se suivait sur la file des grands reliefs placés devant
les façades. Les taureaux 12 et 13 comprennent dans leurs
quatre panneaux une seule inscription (31 lignes + 21 ; 32
lignes + 22 ; au total 106 lignes). Comme il arrive le plus
souvent, ces textes répètent, avec quelques variantes, les
mêmes formules qui mentionnent le nom du roi Sargon, les
divinités qui le protègent et auxquelles il voue ses constructions, les matériaux qu'il a rassemblés pour l'exécution de
l'édifice. Après avoir énuméré les titres du roi Sargon et ses
victoires sur les peuples rebelles, les pays qu'il a subjugués,
le scribe rapporte comment il porta sa pensée vers la construction de la ville et de son palais, quels matériaux de toutes
sortes il rassembla pour ces travaux, quelles dimensions il
donna à l'enceinte, comment il ouvrit les portes aux quatre
points cardinaux ; il est question aussi des ornements et des
sculptures qui prirent place dans le monument pour l'embel-
lir. Les dieux aidèrent et protégèrent l'édification de la ville
et du palais où furent installés les sujets du roi. Le texte se
termine par une prière aux dieux nationaux qui donneront
l'éternité à cette œuvre, par des imprécations et des ana-
thèmes contre ceux qui y porteraient la main ou cherche-
raient à la détruire. Parmi les détails intéressants, notons la
mention d'une construction « à la manière du pays des Hittites »
et la description de huit lions de bronze, placés deux par
deux et formant un faîte que recouvrent des pièces de bois de
cèdre (comparez les chapiteaux en taureaux adossés du palais

de Suse, dans la Salle de la mission Dieulafoy, au premier étage (Salle VII *bis*, nᵒˢ 3 et 3 *bis* de la Notice sur *Les Antiquités de Suse*, par M. Dieulafoy, p. 7 à 9).

Pour la publication de ces textes, voir Botta, *Mon. de Ninive*, III et IV, pl. 22-62 ; V. Place, *Ninive et l'Assyrie*, II, p. 283 et suiv. ; Oppert, *Inscription de Dour-Sarkayan* (1870), p. 3 à 9; Menant, *Annales des rois d'Assyrie*, p. 192 et suiv. ; D. G. Lyon, *Keilinschrifttexte Sargons* (1883), p. 40-51 ; H. Winckler, *Die Keilinschrifttexte Sargons* (1889), I, p. x et II, pl. 41.

Pour la description et l'étude archéologique des figures, voir Botta, V, p. 114 ; Place, II, p. 240 ; Perrot et Chipiez, *Hist. de l'Art*, II, p. 543. Pour la disposition devant les portes et sur les façades, voir ci-dessus, p. 22 et 24 ; cf. Botta, I, pl. 7, 24, 30, 46 ; Place, I, p. 172, 179 ; II, p. 23 ; III, pl. 9 à 12, 20, 21 ; Perrot et Chipiez, II, p. 483-484, fig. 216, 217; Springer-Michaelis, *Handb. der Kunstarch.*, p. 59, fig. 128. — Les figures sont reproduites par Botta, I, pl. 44, 45 ; Perrot-Chipiez, II, pl. IX ; M. Jastrow, *Bildermappe zur Religion Assyriens*, pl. 18, nᵒ 62 ; A. Jeremias, *Das alte Testament*, 2ᵉ éd., p. 581, fig. 196; H. Gressmann, *Altoriental. Texte und Bilder*, II, p. 88, fig. 163 ; Hunger et Lamer, *Altoriental. Kultur im Bilde*, fig. 98 ; Sittl, *Atlas zur Arch. der Kunst*, pl. VI d, fig. 3. — E. P.

16. — Figure colossale [du **Héros Ghilgamès**], le buste de face et les pieds nus tournés à gauche ; les cheveux sont disposés en grosses boucles ; la barbe est frisée à plusieurs rangs ; les oreilles sont ornées de pendants, les bras et les poignets de riches bracelets. Le vêtement est en forme de tunique très courte, serrée par une ceinture. De la main droite, cette figure tient une arme recourbée dont la poignée se termine en tête de génisse, tandis que de son bras gauche

5

elle presse contre son corps un lion qui se défend à l'aide de ses griffes de derrière. — A. L.

Haut. 4.70 avec le socle ; 4.23 sans le socle. Larg. 1.88.
[Inv. Nap. 2860. Cat. Longpérier n° 4. Cf. notre pl. 1].

17. — Autre figure [du **Héros Ghilgamès**] ; les pieds sont chaussés de sandales qui sont fixées à l'aide d'un anneau dans lequel l'orteil est engagé, et de cordons qui se nouent sur le cou-de-pied. Les cheveux sont frisés en petites boucles ; les bracelets des poignets ne sont pas complètement fermés et sont ornés de deux têtes de lion. Par-dessus la tunique est passée une longue *stola* ouverte par-devant, bordée d'une riche frange, et qui tombe jusqu'à la cheville.

La barbe, les yeux et les sourcils portent des traces très sensibles de couleur noire et blanche. — A. L.

Haut. 5.45 avec le socle ; 4.85 sans le socle. Larg. 2.08.
[Inv. Nap. 2861. LP. 3457. Cat. Longpérier, n° 5. Voir notre pl. 8.]

[Les deux figures n°s 16 et 17 représentent le héros, sorte d'Hercule chaldéen, dont le nom, d'abord lu Isdoubar, est maintenant connu sous celui de Ghilgamès. Sa légende nous est parvenue par des fragments importants d'une épopée écrite sur des tablettes d'argile de la bibliothèque d'Assourbanipal (voir le résumé et la bibliographie de Maspero, *Hist. anc. des peuples de l'Orient*, I, p. 575 et suiv.). Elle comprend de nombreux et curieux épisodes qu'on a rapprochés des travaux de l'Hercule grec, en particulier un combat contre un taureau gigantesque et une descente aux Enfers. Le lion dompté, qui figure ici, n'est pas jusqu'à présent mentionné dans ces textes. L'arme placée dans la main droite est une sorte de glaive recourbé, une *harpé*, dont on possède maintenant des spécimens originaux en bronze, trouvés en

Chaldée (Heuzey, *Les Origines orientales de l'art*, p. 364 ;
Cros et Heuzey, *Nouvelles fouilles de Tello*, p. 129, pl. VIII,
fig. 4). Le héros figure ici comme un demi-dieu protecteur
de la cité et du roi ; on multipliait ses images comme
celles des taureaux ailés. Pour la disposition sur les façades,
voir Botta, I, pl. 7, 30, 46 ; Place, I, p. 179 ; III, pl. 20,
21 ; Springer-Michaelis, *Handbuch*, p. 59, fig. 128. La
figure est reproduite par Botta, I, pl. 41 (notre n° 17) et
pl. 47 (notre n° 16); Maspero, *Hist. anc. des peuples de
l'Orient*, I, p. 575 ; *Au temps de Ramsès et d'Assourbanipal*, p. 337, fig. 60 ; M. Jastrow, *Bildermappe*, pl. 40,
n° 121 ; A. Jeremias, *Das alte Testament*, p. 266, fig. 78 ;
H. Gressmann, *Altorient. Texte und Bilder*, II, p. 109,
fig. 225. — E. P].

18. — Figure colossale de **Génie ailé**, le buste et la tête
de face ; les pieds chaussés de sandales, tournés à gauche.
Il est barbu et muni de quatre ailes, deux tournées en
haut, deux dirigées en bas ; sa tête est coiffée d'une tiare
ovoïde accompagnée de deux paires de cornes de taureau.
Les bras et les poignets sont ornés de bracelets ; une *stola*
oblique garnie de longues franges est passée par-dessus
une courte tunique. De la main droite élevée, il tient une
pomme de cèdre, de la gauche abaissée un vase de métal
dont les parois imitent un tissu tressé et dont l'anse mobile
est passée dans des plaques mobiles d'attache en forme d'oiseau éployé.

Derrière le bas-relief est gravée en creux une inscription.
[Elle est reproduite dans le moulage n° 99, placé sur le socle
du bas-relief.]

Haut. avec le socle, 4.09 ; sans le socle, 3.58. Larg. 2.36.
[Inv. Nap. 2862. Voir notre pl. 9 ; cf. la pl. 1.]

J'ai dit plus haut (p. 19) que ce grand relief, qui n'est pas mentionné dans le *Catalogue* de Longpérier et qui ne provient pas des fouilles de Botta, faisait certainement partie des épaves échappées au naufrage de l'envoi V. Place.

Comme l'a montré M. Heuzey (*Origines orientales de l'art*, p. 75 et suiv., p. 253 et suiv.), la tiare à cornes superposées est l'apanage des divinités et n'est pas portée par les rois (sauf dans des cas rares d'héroïsation). D'autre part, les ailes paraissent un attribut des génies, agents du bien ou du mal, qui occupent une place intermédiaire et secondaire, mais ce ne sont pas de grandes divinités, car ceux-ci, dans les représentations qui les figurent avec certitude, n'ont pas d'ailes (*ibid.* p. 253). Le grand génie ailé est donc ici assimilable aux images des taureaux à tête humaine ou de Ghilgamès ; comme eux, il défend par sa présence l'accès des portes et des murailles. Pour les accessoires qu'il tient, la situle et la pomme de cèdre, voir ci-dessus, p. 48 à 51. Pour la mise en place des figures de ce genre, voir V. Place, II, pl. 12 et 13, avec la reproduction pl. 47 ; Perrot et Chipiez, II, p. 484, fig. 217 ; p. 503, fig. 226 ; Layard, *Monuments of Nineveh*, 1, pl. 36.

L'inscription que reproduit le moulage (nº 99), placé sur le socle, est tracée au revers du bas-relief ; c'est une variante de l'inscription des taureaux (p. 64). Le roi Sargon a construit le palais et la ville, après ses conquêtes ; il y a établi les sanctuaires des grands dieux nationaux ; il a rassemblé, pour les édifier, des matériaux de tout genre. On y retrouve la mention de l'édifice « à la manière du pays des Hittites », des ornements sculptés qui embellissent le palais. Des hommes de tous pays ont été réunis pour demeurer dans cette ville. Le texte se termine par la prière ordinaire pour que les dieux protègent le constructeur et lui accordent une longue vie. — E. P.

19. — Autre figure de **Génie ailé** muni de quatre ailes ; elle est tournée à gauche, et la tiare n'est ornée que de deux paires de cornes (fragment).

Les yeux et la barbe conservent des traces de couleur. — A. L.

Haut. 1.36. Larg. 0.875.
[Inv. Nap. 2864. LP. 3489. Cat. Longpérier, n° 7.]

[Le Catalogue de Longpérier indique une hauteur totale de 3.05. Il est possible que cette figure ait été d'abord restituée dans son ensemble, peut-être avec le bas des jambes, aujourd'hui séparé (n° 20), qui n'a pas pris place dans les descriptions de Longpérier. — E. P.]

20. — Fragment d'un grand personnage tourné à gauche. Il ne reste que le **Bas des jambes** et de la tunique. Les pieds nus sont chaussés de sandales attachées par des cordons ; la tunique est ornée de franges avec bordures décorée de rosaces et de carrés incisés ; deux gros glands pendent de chaque côté de la jambe nue. — E. P.

Haut. 0.52. Larg. 1 m.

Voir la remarque au n° précédent.

21. — Figure de **Génie ailé** tournée à droite, barbue, l'oreille ornée d'un pendant, coiffée d'une tiare décorée au sommet d'une fleur de lis et à la base de trois paires de cornes de taureau ; ce personnage est muni de quatre grandes ailes, dont deux se déploient en haut, tandis que les deux autres s'abaissent, et vêtu d'une courte tunique bordée d'un galon et de franges, vêtement en partie recouvert par une longue *stola* bordée de franges, qui, passée sur l'épaule gauche, traverse la poitrine en diagonale et s'ouvre par devant.

La figure tient de la main droite une pomme [de cèdre] qu'elle présente en avant, et de la gauche une sorte de vase d'osier tressé [ou plutôt de métal figurant un tissu d'osier], dont l'anse tournante est montée sur une bordure en forme d'oiseaux éployés (cf. les n°s 2, 18). Les bras et les poignets sont ornés de bracelets ciselés. — A. L.

Haut. 3.06. Larg. 2.14.
[Inv. Nap. 2863. LP. 3488. Cat. Longpérier, n° 6. Voir notre pl 10.]

[Figure analogue aux précédentes, mais en relief plus plat. Elle est employée fréquemment pour la décoration des façades. Voir Botta, I, pl. 24, 25, 27, 30 ; V, p. 96-98.]

[Ce personnage est placé dans un panneau qui a été reconstitué arbitrairement, pour l'arrangement de la salle et d'une façon inexacte, comme l'a montré M. Heuzey (*Origines orientales de l'Art*, p. 249 à 251). Ce génie ailé ne faisait pas face à l'adorant pour recevoir l'offrande d'un bouquetin ; en général, il précède ou suit le prêtre ou le roi qui se présente comme dévot devant un dieu supérieur. La mise en place de Botta montre même que l'homme portant le bouquetin tournait le dos au génie ailé, parce qu'il appartenait à une autre file et à un autre groupement. Il faut donc, en réalité, considérer comme trois figures distinctes celles qui ont été réunies ici, et c'est avec raison que Longpérier dans son *Catalogue* les décrit séparément. La disposition actuelle a parfois trompé les archéologues ; cf. A. Jeremias, *Das alte Testament im Lichte des alten Orient*, p. 195, fig. 67. — E. P.]

22. — Figure de **Génie ailé** debout, tournée à droite, barbue, l'oreille ornée d'un pendant, la tête couverte d'une tiare surmontée d'une fleur de lis et munie à la base de trois paires de cornes de taureau, les pieds nus, vêtue d'une courte tunique par-dessus laquelle passe une *stola* talaire, qui laisse l'épaule droite à découvert et de laquelle pendent de longues franges.

Les bras et les poignets sont ornés de bracelets ; aux épaules sont fixées deux ailes dont l'une est abaissée. Ce personnage tient de la main droite la pomme [de cèdre] et de la gauche [le vase en situle imitant la vannerie.] — A. L.

Haut. 1ᵐ. Larg. 0.55.
[Inv. Nap. 2865. LP 3490. Cat. Longpérier nº 8.]
[Pour le sujet, voir les nᵒˢ 2, 18, 21.]

23. — Figure de **Génie ailé [à tête d'aigle ou de griffon]**, debout, tournée à gauche, vêtue d'une courte tunique bordée d'un galon à dessins quadrilatères et serrée autour des reins par une ceinture, dont les extrémités terminées par des glands tombent fort bas. Les pieds sont nus, les bras et les poignets ornés de bracelets, les épaules munies de deux grandes ailes dont l'une est abaissée. La tête est celle du percnoptère (ou aigle blanc et noir), très reconnaissable à la crête de plume qui la surmonte et aux caroncules dont le bec est recouvert à sa naissance. Les cheveux sont disposés en boucles et le cou est entouré d'un collier de grosses perles. Ce personnage qui rappelle le dieu oiseau Nesrok (Rois, IV, 19-37 ; Isaïe, 37-38) tient de la main droite une pomme [de cèdre] et de la gauche [le vase en situle imitant la vannerie.] — A. L.

Haut. 1.15. Larg. 0.51.
[Inv. Nap. 2866. LP 3491. Cat. Longpérier, nº 9 Voir notre pl. 11.]

[Sur le dieu à tête d'aigle, voir le nº 5. Avec les génies à tête de lion (nº 215) il représente la catégorie, moins nombreuse qu'en Égypte, des êtres surnaturels composés du corps humain avec une tête d'animal. Il décore aussi les façades de palais (Botta, I, pl. 10 ; V, p. 79 ; Layard, *Mon.* I, pl. 36 ; H. Gressmann, *Altoriental. Texte und Bilder*, p. 89, fig. 165) et il y figure parfois comme introducteur auprès d'une divinité plus importante (cf. Botta, I, pl. 52, 74). — E. P.]

23 bis. — Figure analogue du **Génie ailé à tête d'aigle**, tourné à gauche, drapé dans une tunique et un manteau à franges, tenant de la main gauche abaissée la situle à anse et levant le bras droit (la main absente devait tenir la pomme de cèdre ; le pied droit est brisé) ; deux poignards sont passés dans la ceinture.

Pas de numéro d'inventaire. Haut. 1.15. Larg. 0.53. J'ai retrouvé ce relief en magasin, mais il ne figure pas au Catalogue de Longpérier. Je pense qu'il a dû être rapporté par V. Place. — E. P.

24. — Figure de **Dieu barbu**, debout, l'oreille ornée d'un pendant, la tête couverte d'une tiare surmontée d'une fleur de lis et munie à la base d'une double paire de cornes de taureau ; vêtue d'une tunique courte, très ornée de galons et de glands, sur laquelle passe une *stola* à franges ; les pieds sont chaussés de sandales ; la main droite est élevée en signe d'invocation, la gauche porte une tige de pavot à trois capsules. Devant ce personnage se voit une plante du genre de l'agavé dont la hampe est chargée de rameaux fleuris et dont la base est garnie de larges feuilles qui se renversent et présentent l'aspect d'une fleur de lis. — A. L.

Basalte. Haut. 1.64. Larg. 1.02.
[Inv. Nap. 2869. LP 3494. Cat. Longpérier n° 12.]

[Cette figure non ailée combine le n° 18 avec le n° 25. Elle représente certainement un dieu puisqu'elle porte la tiare à cornes (cf. p. 48 et 55). Mais ce dieu devait avoir son pendant de l'autre côté du motif floral qui est placé devant lui, et tous deux, ainsi réunis et accostés, gardaient et protégeaient la plante sacrée, l'arbre de vie, qui symbolise le culte religieux de la plante (voir notre n° 2) et qui se voit aussi sous des formes variées sur les gravures de cylindres (Ward, *Seal Cylinders*, fig. 162, 181, 200, 388, 389, 585, 665 à 669, 676 à 696), et sur d'autres monuments de sculpture (*id.*, fig. 670, 671, 709 ; voir notre n° 86). L'arbre du Paradis terrestre, dans la *Genèse*, est lié aux mêmes idées (pour la comparaison avec d'autres littératures orientales, cf. Ward, *ibid.*, p. 234 à 238).]

[Le panneau a été publié par Perrot-Chipiez, II, p. 513, fig. 235 (avec désignation inexacte de la figure comme représentant Sargon). Il n'y est pas tenu compte des restaurations qui sont importantes et faciles à constater sur l'original. Elles comprennent le bas des cheveux, la barbe, le buste et les bras (la main gauche antique avec la tige de pavots), le haut de la plante. — E. P.]

25. — Figure d'**Homme barbu** (prêtre ?), debout, tourné à gauche, l'oreille ornée d'un pendant, la tête ceinte d'un bandeau à rosaces, chaussé de sandales et vêtu d'une riche tunique sur laquelle passe une dalmatique talaire et oblique, bordée de franges. Les bras et les poignets sont chargés de bracelets cylindriques, la main droite est ouverte et élevée en signe d'invocation, la gauche soutient une tige de pavot portant trois capsules. Dans la ceinture est fixé un poignard dont le manche seul est visible. Les yeux, les cheveux, la barbe, le diadème et les pavots sont peints. — A. L.

Haut. 2.56. Larg. 0.90.

[Inv. Nap. 2868. LP 3493. Cat. Longpérier, n° 11. Voir notre pl. 12.]

[Ce personnage, dans l'attitude d'adoration et d'offrande, est à comparer au précédent dont il est une variante plus simple. On le rencontre fréquemment sur les reliefs de Khorsabad (Botta, I, pl. 25, 26, 29, 30, 52, 74 ; cf. aussi Layard,

Mon. of Nineveh, II, pl. 5). Le pavot a sans doute, comme le lotus, une valeur religieuse ; il est donné aussi comme accessoire symbolique à des génies ailés (Layard, 1, pl. 37, 38.) Le personnage a été joint arbitrairement à ce panneau, comme, il est dit plus haut, p. 70, n° 21. — E. P.]

26. — **Même sujet**, presque semblable au n° 24, mais sans plante sacrée. La tunique est beaucoup moins ornée. La barbe, les cheveux, le bandeau à rosaces et la tige de pavot sont peints. — A. L.

Haut. 1.10. Larg. 0.52.
[Inv. Nap. 2870. LP 3495. Cat. Longpérier, n° 13. Voir notre pl. 13.]

[Il n'a pas de tiare et les cheveux sont ceints d'un bandeau à rosaces ; il est surtout à comparer aux n°s 25 et 27.]

[Publié par Bulle, *Der schœne Mensch*, pl. 31, n° 1. — E. P.]

27. — **Homme barbu** (prêtre ou roi ?), debout, tourné à gauche, l'oreille ornée d'un pendant, la tête ceinte d'un diadème chargé de trois rosaces, chaussé de sandales et vêtu d'une courte tunique recouverte par une dalmatique talaire et oblique ; il tient de la main droite abaissée une fleur de lotus épanouie accompagnée de deux boutons, et sur le bras gauche il porte une gazelle (*capra ibex*). Les yeux, les cheveux, la barbe, le diadème, la tête de l'ibex et la fleur de lotus sont encore peints. — A. L.

Haut. 2.68. Larg. 1.20.
[Inv. Nap. 2867. LP. 2492. Cat. Longpérier, n° 10. Voir notre pl. 12.]

[On peut se demander si c'est le roi lui-même ou un prêtre qui vient, dans l'attitude de l'adorant, apporter son présent à la divinité. L'offrande du chevreau ou du bouquetin figure

souvent sur les cylindres gravés (Ward, *The seal cylinders*,
fig. 227, 301, 307, 319, 320, etc.). Quelquefois c'est un génie
ailé qui sert d'intermédiaire et apporte l'animal en offrande
(Layard, *Mon. of Nineveh*, I, pl. 35). Le lotus représente le
don du végétal accompagnant le don de l'animal et il a aussi
sa valeur religieuse ; cf. les nos 25 et 26.]

[Sur la disposition de ce panneau qui est arbitraire, voir ci-
dessus p. 70, et Heuzey, *Orig. orientales*, p. 251. Pour la mise
en place de figures analogues, voir Botta, I, pl. 42, et la
reproduction pl. 43 ; cf. V, p. 98 et 111 ; Perrot-Chipiez, II,
p. 108, fig. 29 ; Jastrow, pl. 29, n° 88 ; Hunger et Lamer,
fig. 104 ; Sittl, *Atlas*, pl. VI, fig. 7. — E. P.]

28. — Le **Roi d'Assyrie Sargon II**, debout, tourné à gauche
vêtu d'une tunique talaire brodée, en partie recouverte par une
chasuble semée de rosaces et bordée de franges. Sa barbe et
ses cheveux sont frisés en petites boucles ; l'oreille est ornée
d'un pendant cruciforme ; il est coiffé d'une tiare droite et
très ouvragée, de laquelle pendent des fanons ; de la main
droite, il tient un long sceptre et la gauche repose sur la
garde d'une épée fixée horizontalement au-dessus de la
hanche et dont le fourreau est terminé par deux lions
affrontés.

La barbe, les cheveux, les yeux, la tiare, les fanons et la
haste sont peints. — A. L.

Haut. 2.98. Larg. 1.22.
[Inv. Nap. 2872. LP. 3497. Cat. Longpérier, n° 15. Voir notre
pl. 14.]

[M. Heuzey a montré (*Origines orientales de l'Art*, p. 260)
que la disposition des personnages dans ce panneau est due à
un arrangement arbitraire et inexact. Le roi Sargon II fait

face à un de ses ministres et lui donne ses ordres ou entend de lui un rapport. Mais le troisième personnage (n° 30), derrière le monarque, fait hors de propos un geste d'allocution ; il appartenait à un autre groupe et devait se trouver en face d'une autre figure du roi, comme on le voit dans les planches de Botta.]

[Nous avons là une représentation fort complète et précieuse, un véritable portrait — au sens où l'on doit comprendre ce mot dans cette période de l'art antique (cf. p. 58) — du célèbre conquérant assyrien. Comparez le relief d'Assour-nazirbal (n° 7). La polychromie encore visible, en rouge et en noir, augmente le prix de ce morceau.

[Pour les publications, voir Longpérier, *Œuvres*, I, p. 46 ; Botta, I, pl. 9 et 10, et pl. 12 (avec les couleurs) ; V, p. 84, 93 ; Perrot-Chipiez, II, p. 99, fig. 220, et p. 577, fig. 272 ; Maspero, *Hist. anc. des peuples de l'Orient*, III, p. 217. Sur la la polychromie de ces sculptures, voir Botta, V, p. 178 ; Place, II, p. 75 et suiv. ; Perrot-Chipiez, II, p. 653 et suiv. ; ces auteurs n'admettent qu'une coloration partielle, appliquée à quelques détails du visage et du costume, mais non au corps entier ni aux nus. Cependant Flandin, le dessinateur de Botta, avait cru voir une teinte de couleur ocre placée sur les fonds et sur les nus. La question n'est pas encore complètement résolue. — E. P.]

29. — Vis-à-vis du roi, un **Homme barbu** (ministre ou fonctionnaire royal), debout, tourné à droite, la tête ceinte de bandelettes dont les extrémités tombent sur le dos, l'oreille ornée d'un pendant cruciforme ; les bras et les poignets chargés de riches bracelets ; il est vêtu d'une tunique talaire serrée autour des reins par une ceinture quadrillée ; un large baudrier bordé de longues franges soutient une épée, sur la garde de laquelle repose la main gauche.

La barbe, les cheveux, les yeux et le diadème portent des traces de couleur. — A. L.

Haut. 2.70. Larg. 1ᵐ.
[Inv. Nap. 2873. LP. 3498. Cat. Longpérier, nᵒ 16. Voir notre pl. 14.]

[Voir le numéro précédent pour la disposition dans le panneau.]

30. — Homme barbu, presque entièrement semblable au nᵒ précédent, tourné à gauche ; la main droite est élevée en signe d'invocation. Le diadème est d'un rouge très vif. — A. L.

Haut. 2.95. Larg. 1.00.
[Inv. Nap. 2874. LP. 3499. Cat. Longpérier, nᵒ 17. Voir notre pl. 14.]

[Sur la disposition inexacte du personnage dans le panneau, voir le nᵒ 28.]

31. — Deux Serviteurs : l'un barbu, l'autre imberbe, tournés à gauche, chaussés de sandales, vêtus de longues tuniques garnies de franges par le bas et en partie recouvertes par une *stola* à grandes franges, entre lesquelles passe une épée transversale ; les baudriers, que le sculpteur avait omis de tracer, ont été ajoutés en couleur rouge. Ces deux personnages ont les bras et les poignets ornés de bracelets et joignent les mains en signe d'attention et d'obéissance. — A. L.

Haut. 2.97. Larg. 2.33.
[Inv. Nap. 2875. LP. 3500. Cat. Longpérier, nᵒ 18.]

[Les deux personnages se présentent, sans doute devant le roi, dans l'attitude du respect et de la soumission, les mains jointes l'une sur l'autre avec un geste particulier dont M. Heuzey a noté la valeur significative (cf. le nᵒ 8 ; de Sarzec et Heuzey, *Découvertes en Chaldée*, p. 81, 123 ; Perrot et Chipiez, II, p. 593 à 595)].

[On donne ordinairement le nom d'eunuques à ces personnages imberbes et gras qui figurent en grand nombre dans ces représentations. Je crois que c'est à tort (voir aussi la réserve introduite par M. Heuzey, ci-dessus, p. 37-38). Souvent les dieux mêmes, les génies sont reproduits imberbes sous cet aspect. L'empâtement du visage, l'embonpoint des formes ne sont pas un signe de flétrissure physique, mais au contraire un signe de force et de santé que l'art oriental accentue avec prédilection. Ce sont, à mon avis, des fonctionnaires ou des guerriers, souvent aussi des serviteurs, qui sont figurés dans la fleur de la jeunesse ; ils sont l'équivalent de l'éphèbe grec, avec les caractéristiques de la race et du milieu asiatique.]

[Pour la mise en place dans le défilé des personnages sur les façades, voir Botta, II, pl. 29 et 30.]

[Pour la publication, voir Botta, II, pl. 137 ; V, p. 107 ; Perrot-Chipiez, II, p. 631, fig. 308. — E.P.]

32. — **Guerrier armé**, debout, tourné à gauche ; il est barbu, vêtu d'une courte tunique sans aucun ornement ; à ses bras et à ses poignets sont des anneaux cylindriques. Il porte une épée suspendue à un large baudrier brodé et peint en rouge ; un arc terminé par deux têtes de cygne est passé sur l'épaule gauche qui supporte aussi un carquois. La main droite fermée est tendue en avant ; la gauche tient une masse d'arme à tête sphérique.

Les yeux et la barbe conservent des traces de couleur. A. L.

Haut. 2.78. Larg. 1.30.

[Inv. Nap. 2876. LP. 3501. Cat. Longpérier, n° 19].

[Dans la mise en place, du défilé des personnages sur la façade, un guerrier de ce type marche devant un serviteur

portant deux vases ; cf. Botta, I, pl. 30. — Publié par
Bulle, *Der schoene Mensch*, pl. 31, n° 2.]

33. — **Deux Serviteurs**, tournés à gauche, les oreilles ornées
de pendants cruciformes, vêtus de tuniques talaires garnies
de franges, les bras et les poignets chargés de bracelets, les
pieds chaussés de sandales ; ils portent une table élégam-
ment sculptée, montée sur des griffes de lion qui reposent
sur des cônes renversés. Les yeux, les cheveux, les sandales
sont peints. On reconnaît sur les cheveux les traces de la
peinture rouge qui figurait le bandeau, oublié par le sculpteur. — A. L.

Haut. 2.90. Larg. 1.78.
[Inv. Nap. 2878. LP. 3502. Cat. Longpérier, n° 21. Voir notre
pl. 15; cf. la pl. 1.]

[Comme nous l'avons déjà dit pour deux panneaux précédents (n°s 21 et 28), la suite des reliefs composant la scène
du souper royal est arbitrairement disposée ; on peut le
constater sur la mise en place de Botta, I, pl. 30. D'autres
groupes de serviteurs séparaient les divers éléments ici rassemblés. C'est pourquoi A. de Longpérier avait décrit
chaque figure isolément dans sa notice. Toutefois, dans la
planche de Botta, I, pl. II, on voit que les deux panneaux
représentant le transport de la table, du tabouret et de la
marmite, se suivaient bien en réalité. Pour la qualification
d'eunuques que portait la description de Longpérier, voir ci-
dessus, n° 31. Les cônes renversés qui portent les griffes de
lion de la table sont des imitations de la pomme de cèdre,
dont la valeur prophylactique a été notée, p. 50.]

[Pour la publication, voir Botta, I, pl. 22; V, p. 92; Perrot-Chipiez, II, p. 101, fig. 24. — E.P.]

34. — Autre **Serviteur**, ajusté comme les précédents, portant un siège du même style que la table. — A. L.

Haut. 2.90. Larg. 0.90.
[Inv. Nap. 2879. L. P. 3503. Cat. Longpérier, n° 22. Voir notre pl. 15.]

[Voir la note sur le précédent. Pour la mise en place sur la façade, voir Botta, I, pl. 11 ; V, p. 92 ; il pense que le meuble est plutôt une autre petite table qu'un siège. Pour la publication, voir Botta, I, pl. 23 ; Perrot-Chipiez, II, p. 101, fig. 24. — E. P.]

35. — Autre **Serviteur**, portant un vase de grandes dimensions.

Haut. 2.90. Larg. 0.84.
[Inv. Nap. 2880. LP. 3504. Cat. Longpérier, n° 23. Voir notre pl. 15.]

[Voir le numéro précédent. Mêmes indications pour la publication.]

36. — Autre **Serviteur** portant de chaque main un vase à boire dont l'anse est mobile et dont le fond représente une tête de lion. — A. L.

Haut. 2.87. Larg. 1.25.
[Inv. Nap. 2881. LP. 3505. Cat. Longpérier, n° 24. Voir notre pl. 16 ; cf. la pl. 1.]

[Sur un autre relief assyrien les serviteurs puisent dans une vasque avec des vases semblables (Maspero, *Au temps de Ramsès et d'Assourbanipal*, p. 411, fig. 195). Botta y voyait des vases en cuir, semblables à ceux dont on se sert encore en Orient ; V, p. 87. Il est plus probable qu'il s'agit de beaux vases de métal, analogues aux rhytons de l'art crétois et de l'art grec, où la tête de lion joue aussi un rôle très important. Pour la mise en place, qui est arbitraire ici, voir Botta, I, pl. 10 et 30. Comme reproduction d'un type analogue, *id.*, pl. 16. Le panneau du Louvre est publié par Perrot-Chipiez, II, p. 100, fig. 23. — E. P.]

37. — Deux **Serviteurs**, vêtus comme les précédents, portent un char léger et ouvert par-devant, dont la flèche est terminée par une tête de cheval et le palonnier par deux têtes de lévrier ; le siège repose sur une figure de cheval et ses bras s'appuient sur trois petites figurines mitrées. — A. L.

Haut. 2.87. Larg. 2,43.

[Inv. Nap. 2882. LP. 3506. Cat. Longpérier, n° 25. Voir notre pl. 16 ; cf. la pl .1.]

[Dans la mise en place de Botta, I, pl. 10, ce sujet suit celui du serviteur tenant deux vases à têtes de lions (n° 36) et précède deux autres apportant un trône à dossier. Reproduit, *ibid.*, I, pl. 17 ; cf. V, p. 88 ; Perrot-Chipiez, II, p. 100, fig. 23 ; Maspero, *Au temps de Ramsès et d'Assourbanipal*, p. 236, fig. 127. C'est le char de promenade, sorte de chaise roulante, qui pouvait être traînée, même à bras d'hommes, à travers les jardins du palais. Il est différent du char de guerre qui est représenté plus loin (n° 39). — E. P.]

38. — **Homme barbu**, tourné à gauche, vêtu d'une courte tunique très simple de laquelle pend toutefois un ornement à franges ; les bras et les poignets sont ornés de bracelets ; il conduit quatre chevaux marchant de front, retenus par des brides très ornées, munies d'un mors à barre et surmontées de houppes pyramidales à trois étages ; des houppes suspendues à une bricole pendent sur le cou des chevaux, dont le poitrail est orné d'une bande brodée qui soutient deux rangs de franges. — A. L.

Haut. 2.60. Larg. 2ᵐ.

[Inv. Nap. 2885. LP. 3508. Cat. Longpérier, n° 28. Voir notre pl. 17.]

[Voir pour la mise en place, Botta, I, pl. 11 (n° 31), et la reproduction, pl. 21 ; cf. V, p. 91. Peut-être amène-t-on les chevaux destinés à atteler le char du roi. Sur la

6

représentation des animaux, si remarquable dans l'art assyrien, et en particulier sur celle du cheval, voy. ci-dessus, p. 38,
14, et Perrot-Chipiez, II, p. 555 et suiv., p. 562. — E. P.]

39. — **Deux Soldats** barbus, vêtus de courtes tuniques bor-
dées d'un galon et retenues par une ceinture ; les bras et les
poignets ornés de bracelets, armés d'une épée soutenue par
un baudrier brodé et peint en rouge, les pieds chaussés de
sandales; ils portent un grand **Char de guerre** ouvert par derrière et muni d'un timon à l'extrémité duquel est fixé un
joug. La couleur des jambes et des sandales est encore très
reconnaissable. — A. L.

Haut. 2.20. Larg. 2.71.
[Inv. Nap. 2886, LP. 3509. Cat. Longpérier, n° 29. Voir notre
pl. 18.]

[C'est le char de guerre ou de voyage, opposé au char de
promenade dans l'intérieur du palais. Dans la mise en place
de Botta, I, pl. 10, il fait partie du même défilé. C'est peut-
être à lui que sont destinés les chevaux du n° 38. Pour la
reproduction, voir *ibid.*, pl. 20 ; V, p. 90. — E. P.]

40. — **Guerrier imberbe**, tourné à droite, vêtu d'une
longue tunique à franges, la tête nue, un carquois suspendu
au flanc gauche, tenant de la main droite une masse d'armes
à tête sphérique, et de la gauche un arc. — E. P.

Basalte noir. H. 1.31. Larg. 0.75.
Inv. Nap. 2888. Ce morceau ne figure pas dans la Notice de
Longpérier et doit avoir été rapporté par V. Place, qui l'a publié,
III, pl. 48, n° 3.

Scène de chasse.

41. — **Un Chasseur** imberbe, tourné à droite, vêtu d'une
courte tunique, décoche une flèche; deux oiseaux tombent ;

l'un est traversé par une flèche. Un homme barbu, de petite
taille (un serviteur), vêtu d'une courte tunique, les jambes
chaussées de bottines, précède le chasseur en tenant de la
main droite un faucon, de la gauche un épieu. Trois grands
arbres conifères. — E. P.

Basalte noir. Trouvé à Khorsabad, en 1860, et donné par E. P.
de Longeville, consul général de France. Il résulte des lettres
déposées aux Archives du Louvre que la découverte en fut faite
par M. de Longeville avant l'arrivée de V. Place qui le rapporta
et le publia, III, pl. 48, n° 2. Voir notre pl. 19].

Haut. 1.27. Larg. 1.02.

[Inv. Nap. 2887.]

[Cf. une scène analogue dans un relief de Khorsabad,
publié par Layard, Mon. of Nineveh, II, pl. 32.].

Sujets militaires.

42. — Tributaires conduisant des chevaux. Guerrier barbu,
vêtu d'une courte tunique serrée par une ceinture à l'extrémité de laquelle pend une olive, les épaules couvertes d'une
peau de lion, chaussé de guêtres lacées sur le devant de la
jambe et de patins recourbés ; il tient sur la main gauche un
modèle de villes avec murailles crénelées (ou couronne murale)
et fait de la droite un geste de soumission ; un second personnage, vêtu de la même manière et armé d'une lance, conduit en laisse un cheval qui cache en partie un troisième
guerrier portant deux lances et se retournant vers un second
cheval qu'il tient en laisse. Derrière, marche un quatrième
guerrier, vêtu comme les précédents, sauf que la peau
d'animal qui lui couvre les épaules est celle d'un léopard ; il
porte sur la main gauche un modèle de ville et lève la droite
en signe de respect. La tête des chevaux est surmontée d'une
sorte de *crista* peinte en rouge ; leur poitrail est orné de

glands disposés en plusieurs rangées. Ces glands, les brides
et les bois de lances sont colorés en rouge.

Au-dessus de ce bas-relief règne une inscription de douze
lignes de caractères cunéiformes. On y reconnaît la légende
royale et le nom de la Médie. [Le roi Sargon restaure une
ville qu'il appelle Kar-Sargon ; il énumère les pays vaincus,
les villes prises, le butin enlevé ; il éleva sa propre statue
comme trophée...] — A. L.

Haut. 1.62. Larg. 3.06.
[Inv. 2889. LP. 3510. Cat. Longpérier, n° 30.]

[Voir la mise en place de Botta, I, pl. 29 ; V, p. 104,
pour des figures analogues. Les tributaires sont introduits
par des fonctionnaires qui les précèdent ; plus loin se trouve
le roi qui les attend. Pour le relief du Louvre, voir Botta,
pl. 128 et 129 ; V, p. 157. Au sujet de la polychromie voir
plus haut le n° 28. — E. P.]

43. — **Expédition navale.** Deux forteresses dont l'une, bai-
gnée par les eaux, porte un petit personnage, tandis que
l'autre, située sur un rocher escarpé qui s'élève au-dessus
des flots, est surmontée d'une large grille ou herse. Huit
navires chargés de troncs d'arbres et qui en traînent d'autres
à la remorque se dirigent vers la gauche ; deux bâtiments
vides retournent à droite. Ces navires, qui présentent le
profil d'un cheval marin, sont manœuvrés par des matelots
et des rameurs. L'expédition est accompagnée par deux taureaux ailés, dont un à tête humaine, et par le dieu Dagon,
dont le torse est uni à un corps de poisson ; ce dieu porte
sur la tête une tiare ornée au sommet d'une fleur de lis et
à la base de deux paires de cornes de taureau. On remarque
au milieu des flots, outre des poissons de diverses grandeurs, des tortues, des serpents, des crabes dont l'un saisit

un poisson à l'aide de ses pinces. Des traces de peinture sont encore très sensibles en divers endroits, bien que le bas-relief ait subi l'action du feu. — A. L.

Albâtre brûlé. [Le relief se compose de deux dalles réunies verticalement et restaurées en plusieurs parties.]

Haut. 2.93. Larg. 4.08.

[Inv. Nap. 2893. LP. 3511. Cat. Longpérier, n° 34. Publié par Botta, I, pl. 33. Voir notre pl. 20 (partie gauche du relief, d'après la publication de Botta).]

[Voir nos remarques sur l'ensemble de ces reliefs à la suite du n° 46.]

44. — **Même sujet.** Quatre navires chargés de troncs d'arbre, tournés à gauche ; les matelots sont occupés à descendre des pièces de bois ; deux barques vides s'en retournent ; à la gauche de cette composition se voit une figure du dieu Dagon mitré, semblable à celle qui se trouve dans le bas-relief précédent; sur les eaux nagent des poissons, deux tortues, deux crocodiles, un serpent de très grandes dimensions, des crabes et deux murex ou coquilles à pourpre. Plusieurs figures portent des restes de peinture. — A. L.

Albâtre brûlé. [Relief composé de plusieurs morceaux rajustés et restaurés en quelques parties, surtout dans le bas.]

Haut. 2.83. Larg. 2.30.

[Inv. Nap. 2894. LP. 3512. Cat. Longpérier, n° 35. Publié par Botta, I, pl. 34. Voir notre pl. 20 d'après la publication de Botta.]

45. — **Même sujet.** L'action du feu a fort endommagé ce bas-relief ; on y reconnaît cependant un rocher au premier plan, puis des matelots qui semblent tirer à terre des barques ou des pièces de bois, et dans la partie supérieure de la gauche, une série de troncs d'arbres arrangés en forme de train ou de jetée. — A. L.

Albâtre brûlé. Haut. 3.02. Larg. 2 m.

[Inv. Nap. 2895. LP. 3513. Cat. Longpérier, n° 36. Publié par Botta, I, pl. 34.]

46. — Même sujet. Rocher (la citadelle qui le surmontait a été brisée) au pied duquel sont rangées en forme de jetée de [grandes poutres de bois] qui présentent à leur base des trous dans lesquels avaient été passées les cordes qui les attachaient aux navires (voir les bas-reliefs précédents.) Sur la droite, neuf hommes portent à l'aide de cordes une longue pièce de bois ou de métal qui se termine par une masse cylindrique et qui paraît être la machine de guerre nommée bélier. — A. L.

Albâtre brûlé. Haut. 1.80. Larg. 2.46.

[Inv. Nap. 2896. LP. 3514. Cat. Longpérier, n° 37. Publié par Botta, I, pl. 35.]

[Ces quatre plaques forment une série intéressante dont la mise en place est indiquée par Botta I, pl. 29 ; V, p. 99. Il pense qu'il s'agit de l'attaque d'une place forte, placée au bord d'un grand fleuve ou d'un lac, dont le panneau n° 46 forme l'extrémité gauche et se rejoint aux autres. Il est fâcheux qu'il ait été éloigné du reste et posé sur une autre paroi. Des vaisseaux transportent des madriers et des troncs d'arbres destinés à former un pont ou une digue pour le siège de la ville. La forteresse, placée sur une éminence rocheuse, a disparu en grande partie ; mais on voit les hommes descendus sur le rivage et halant à force de bras des matériaux que l'on débarque des vaisseaux. La composition pittoresque du paysage, l'exécution conventionnelle des flots par un procédé qui rappelle celui des œuvres de l'Extrême-Orient, les animaux marins dispersés sur l'eau, les figures de dieux qui se pressent autour des bateaux et semblent protéger leur action, font de cette scène une œuvre remarquable ; malheureusement elle a souffert en beaucoup de parties et présente de nombreuses restauration. Voir pour la reproduction Botta, I, pl. 31 à 35 ; cf. Longpérier, OEuvres, I, p. 304, sur la figure du dieu Dagon, moitié homme, moitié poisson (= Revue arch., 1847, p. 276), et une notice de A. Jal (ibid., 1847, p. 177) sur les bateaux et les matériaux qu'ils transportent : il ne croit pas à une expédition militaire, mais à quelque construction de ville ou de palais. — E. P.]

46 bis. — **Scène de présentation** ou d'offrande de tribut. A droite un personnage imberbe (prince ?), drapé, est assis sur un siège pliant et lève la main droite en signe d'accueil bienveillant. Devant lui un homme barbu, drapé, lève la main droite en signe de salutation et tient de la main gauche étendue une offrande (objet indistinct). Derrière lui un second personnage (tête endommagée) l'accompagne et fait le même geste de la main droite. — En dessous, les restes d'un registre inférieur laissent reconnaître une enceinte et des créneaux de tour. A la partie supérieure deux lignes d'inscriptions où l'on reconnaît une phrase incomplète « ... il cessa (d'envoyer) ses présents ... » qui est plusieurs fois répétée dans les textes de Sargon.

Pierre en calcaire blanc troué et effrité. Haut. 0.615. Larg. 0.46.

[Inv. Nap. 2884 L. P. 3507. Cat. Longpérier, n° 27. J'ai refait la description qui était insuffisante. — E. P.]

Fragments de bas-reliefs.

47. — Grande **Tête d'homme barbu** tournée à gauche. Pas de bandeau sur les cheveux ; manche de tunique décorée de dessins en rosaces et en carrés. — E. P.

Haut. 0.72. Larg. 0.55.

[Inv. AO.1432. Legs de M. His de Butenval en 1883. Provenant des fouilles de Botta à Khorsabad.]

48. — Gran de **Tête de serviteur** tournée à droite; les cheveux sont très longs ; l'oreille est ornée d'un pendant cruciforme. L'œil et le sourcil conservent encore des traces de coloration. — A . L.

Haut. 0.54. Larg. 0.46.
[Inv. Nap. 2883. MN. 356. Cat. Longpérier, n° 26.]

[Cf. Sittl, *Atlas zur Arch.*, pl. VI d, fig. 6.]

49. — Grande **Tête de guerrier**. Les cheveux courts sont disposés en mèches tordues ; la barbe est courte et taillée en pointe. La coiffure paraît être formée d'une pièce d'étoffe qui laisse l'oreille à découvert. — A . L.

Haut. 0.58. Larg. 0.51.
[Inv. Nap. 2877. MN. 357. Cat. Longpérier, n° 20.]

50. — **Buste de guerrier armé**; il est tourné à droite et tient une lance dont la hampe est peinte en rouge. La barbe est courte et arrondie. — A. L.

Haut. 0.49. Larg. 0.33.
[Inv. Nap. 2891. MN. 359. Cat. Longpérier n° 32.]
[Acquis en 1850. Publié par Perrot-Chipiez, II, p. 580, fig. 256.]

51. — Fragment de **Guerrier vu à mi-corps**, tourné à droite, les deux bras tendus en avant (coupés par la cassure). Il est barbu, les cheveux frisés ceints d'une bandelette, vêtu d'une tunique unie à manches sur laquelle est jetée une peau de bête à mèches régulièrement indiquées. — E . P.

Haut. 0.41. Larg. 0.27.
Inv. AO. 1433. Legs de M. His de Butenval en 1883. Provenant des fouilles de Botta à Khorsabad.

Pour le costume, voir le n° suivant.

52. — Buste d'homme tourné à gauche, tendant les mains en signe de supplication. Les cheveux courts sont frisés par petites mèches et serrés par un bandeau. La barbe est longue et carrée, les épaules sont couvertes d'une peau d'animal. — A. L.

Haut. 0.43. Larg. 0.42.
[Inv. Nap. 2890. MN. 358. Cat. Longpérier, n° 31. Acquis en 1850.]

[Pour le costume du guerrier, cf. Botta, II, pl. 123 à 136, et nos n°ˢ 42, 51, 53 à 55.]

53. — Fragment de **Guerrier barbu**, tourné à gauche, les cheveux bouclés et ceints d'une bandelette qui passe derrière l'oreille. De son costume il ne reste que la peau de bête à mèches régulières posée sur l'épaule (cf. les n°ˢ précédents). Dans le dos passe le bout d'un carquois. — E. P.

Albâtre gris. Haut. 0,29. Larg. 0.27. Pas de numéro d'inventaire.

54. — Tête de guerrier barbu, tournée à gauche, les cheveux ceints d'un bandeau, l'épaule couverte d'une peau de bête. — E. P.

Haut. 0.24. Larg. 0.23.
Inv. MNB. 353. Acquis en 1872, comme provenant des fouilles de Botta.

55. — Tête de guerrier barbu, un peu levée vers la gauche, les cheveux ceints d'une bandelette. Sur l'épaule, restes d'un costume en peau de bête, comme sur les précédents. — E. P.

Haut. 0,24. Larg. 0.20.
[Inv. AO. 1434. Don de M. His de Butenval. Fouilles de Botta.]

56. — Fragments de petits bas-reliefs. Sur une plaquette sont réunis quatre fragments :

1° **Petite tête casquée imberbe**, tournée à droite (calotte terminée en pointe). Le profil se détache sur une autre partie fragmentée (accessoire? chevelure d'un autre personnage?).

Haut. 0.20. Larg. 0.14.

2° Le haut d'une **Tête de guerrier barbu**, les cheveux serrés par une bandelette qui passe derrière l'oreille.

Haut. 0.14. Larg. 0.16.

3° **Petite tête d'homme barbu**, tournée à droite; cheveux et barbe lisses.

Haut. 0.11. Larg. 0.11.

4° Petit fragment sans forme distincte.

[Inv. AO. 1435, Legs de M. His de Butenval en 1883. Provenant des fouilles de Botta à Khorsabad. — E. P.]

57. — **Partie antérieure d'un cheval**, dont la tête et le poitrail sont richement ornés. On voit encore les mains de deux hommes qui les conduisaient par la bride; l'une de ces mains est armée d'une lance. Ce beau fragment est remarquable par la couleur des ornements. Le rouge est encore très distinct, mais les glands bleus ont presque entièrement perdu leur teinte; cf. le n° 38. — A. L.

Haut. 0.67. Larg. 0.49.

[Inv. Nap. 2892. MN. 119. Cat. Longpérier, n° 33. Acquis en 1849.]

Mobilier.

58. — **Autel circulaire**, supporté par une base triangulaire figurant un trépied relié par des barres horizontales et monté sur des griffes de lion. Sur le bord de la table court une inscription cunéiforme contenant la formule royale : [« Sargon, roi des nations, roi d'Assour, seigneur de Babylone, roi

de Sumer et d'Akkad, j'ai bâti un temple pour le dieu...]. —
A. L.

Calcaire. Haut. 0.83. Diam. 0.68.

[Inv. Nap. 2871. LP. 3496. Cat. Longpérier, nᵒ 14. Voir notre
pl. 21.]

[Cet autel a été plusieurs fois publié : Longpérier, OEuvres,
I, p. 39-40 ; Botta, II, pl. 157, et V, p. 171 ; Perrot-Chipiez,
II, p. 268, fig. 108 ; Hunger et Lamer, fig. 107. Sur l'inscrip-
tion, voir Botta, IV, p. 181 ; H. Winckler, Keilschrifttexte
Sargons, I, p. 190 ; II, pl. 49, nᵒ 1.

[Un autel semblable, avec une inscription au nom d'Assour-
nazirpal, a été trouvé à Nimroud ; Layard, Monum. of Nine-
veh, II, pl. 4 ; Maspero, Hist. anc., III, p. 45 ; A. Jeremias,
Das alte Testament, p. 429, fig. 135 ; H. Gressmann,
Altorientalische Texte und Bilder, II, p. 29, fig. 41 ; Jastrow,
Bildermappe, pl. 32, nᵒ 96 ; P. Handcock, Mesopotamian
Archaeology (1912), pl. 3. C'est une table à offrandes qui
devait être placée devant la statue d'une divinité. — E. P.]

III

Époque d'Assourbanipal (668-626 av. J.-C.)

RELIEFS A GRANDES FIGURES

Sujets militaires.

59. — **Le char de guerre du roi.** Deux personnages imberbes, vêtus de longues robes, tournés à droite, tiennent un timon de char relevé en coude et terminé par une tête de cheval. Ils sont aidés par deux autres personnages vêtus comme eux et tournent la tête vers la gauche. Neuf archers les précèdent ; ils sont tous imberbes, vêtus d'une tunique courte ornée d'une frange, chaussés de bottines ; ils portent un carquois sur l'épaule et tiennent un arc de la main gauche. Le dernier retourne la tête.

Trois dalles réunies. Haut. 1.53. Larg. 4.40.
[Inv. Nap. 2438 (Nap. III, nᵒˢ 313-314-315). Publié par V. Place, *Ninive et l'Assyrie*, III, pl. 62, nᵒˢ 3 et 3 *bis*. Pour la provenance de ce relief et des suivants, voir ci-dessus, p. 19. — E. P.]

60. — **Cavalier** marchant vers la droite et se retournant. Il a la tête nue et est vêtu d'une courte tunique ornée d'une frange ; sa taille est entourée d'une double ceinture ; ses jambes chaussées de bottines par-dessus des anaxyrides : une peau d'animal lui sert de housse ; la tête du cheval manque.

Derrière, un second cheval au galop dont il ne subsiste que la partie antérieure.

Haut. 1.60. Larg. 1.20.
[Inv. Nap. 3439 (Nap. III, 316).]

RELIEFS A REGISTRES ET A PETITES FIGURES

1. — *Les chasses du roi.*

61. — Bas-relief à trois registres. **La chasse au lion.**

Registre supérieur. — Le roi vêtu d'une longue robe ornée de rosaces marche vers la droite (le haut du corps disparu), suivi de trois guerriers dont les têtes sont brisées.

2e registre. — Le roi Assourbanipal, vêtu d'une longue robe, perce de sa lance un lion dressé devant lui et qu'il a saisi par le sommet de la crinière. Derrière lui, deux serviteurs imberbes portent un arc et une lance ; en avant, deux autres serviteurs portent des carquois ; l'un tient une lance et l'autre deux flèches. Dans le champ, une inscription de trois lignes : « Moi, Assourbanipal, roi des régions du pays d'Assour, pour mon plaisir, à pied, j'ai avec ma lance des lions... Un lion j'ai pris par l'oreille et, en invoquant la déesse Istar, je l'ai percé... »

Registre inférieur. — Six hommes imberbes portent les cadavres de deux grands lions. La partie inférieure de ces figures est brisée.

Haut. 1.17. Larg. 1.31.
[Inv. Nap. 3435 (N. III, 304). Publié par V. Place, III, pl. 62, nos 1 et 2 (en partie seulement) ; Maspero, *Au temps de Ramsès et d'Assourbanipal*, p. 299, fig. 150 (le roi tuant le lion). Voir notre pl. 24.]

II. — *Les campagnes militaires du roi.*

62. — Bas-relief à quatre registres. **Le char du roi Assour-banipal.**

Registre inférieur. Le roi Assourbanipal vêtu d'une longue tunique et coiffé d'une très haute tiare, tenant dans chaque main une fleur, est debout sur un char qu'abrite un grand parasol brodé ; près de lui, un homme barbu, la tête ceinte de bandelettes, tient les rênes ; derrière, dans le char, un personnage imberbe porte un éventail ; deux porteurs de chasse-mouches suivent à pied le char. Près de la roue à huit rais marche un personnage barbu, sans armes. Derrière, deux ennuques, l'un portant une petite outre, l'autre une masse d'armes, un carquois et un arc. Un autre tout semblable marche à un 2ᵉ registre superposé Devant le profil du roi, se voient les premiers caractères d'une inscription en cinq lignes dont la suite faisait partie d'une plaque voisine : « Moi, Assourbanipal, dans ma force, j'ai l'ennemi... »

3ᵉ registre. — Deux archers conduisent des prisonniers chargés d'outres ; l'un d'eux tient par la main un enfant entièrement nu.

4ᵉ registre. — Quatre prisonniers et trois soldats, dont deux tirent un char sur lequel sont des bagages, une femme et un enfant.

Haut. 1.62. Larg. 0.77.
[Inv. Nap. 3434, (N. III, nᵒ 303). Publié par Place, III, pl. 66 ; Perrot-Chipiez, III, pl. X (le roi sur son char) ; Dieulafoy, *Acropole de Suse*, p. 31, fig. 27. Voir notre pl. 22.]

63. — Grand bas-relief à quatre registres. **Prise d'une ville par Assourbanipal**, présentation des chefs vaincus qui font leur soumission, fuite des habitants, transport des prisonniers et du butin, le tout dans un paysage de montagne, semé d'arbres.

[L'inventaire Napoléon III 3436, probablement dressé sur les indications de A. de Longpérier, décrit ce monument comme composé de deux grandes dalles, qui à ce moment devaient être juxtaposées. Aujourd'hui il est fâcheusement séparé en deux morceaux qui ont été placés dans des endroits différents (voir le n° 64).

Nous décrivons donc ces fragments, en utilisant la rédaction de l'Inventaire, dans leur état actuel; le visiteur saura qu'il s'agit d'un seul bas-relief. — E. P.]

Premier morceau.

Registre inférieur. — Le roi Assourbanipal dans son char, abrité par un parasol (le haut seulement du groupe subsiste).

2° registre. — Prise d'une ville au-dessus de laquelle on voit une inscription fragmentée «...les villes fortes du pays d'Élam... j'ai pris du butin... » Des archers, des soldats armés de lances montent à l'assaut à l'aide d'une échelle. D'autres sont occupés à détruire les créneaux des tours dont les pierres tombent. Des guerriers sont précipités du haut des remparts. Deux soldats amènent des prisonniers Au-dessus, une ligne de montagnes et une ligne d'arbres conifères, alternant avec des oliviers.

3° registre. — Chef militaire tenant une masse d'armes, suivi de deux soldats tenant des lances et de grands boucliers coniques dont la partie inférieure repose à terre. Quatre personnages barbus, croisant les mains, viennent après eux et l'on aperçoit la tête d'un cheval qui appartient à la suite du sujet sur l'autre dalle. A gauche, devant le chef militaire, un personnage imberbe, levant la main droite et accompagné d'un homme barbu, précède un chef vaincu, coiffé d'un casque, prosterné le visage contre terre. Derrière celui-ci se tiennent deux Assyriens debout, après lesquels on voit d'autres prisonniers, la tête nue, prosternés comme leur chef. Au-dessus, une rangée d'arbres conifères. (Voir la suite dans le deuxième morceau, nº 64.)

Haut. 1.85. Larg. 1.78.
[Inv. Nap. 3436 (Nap. III, 305). Un détail du troisième registre est publié par Place, III, pl. 58, nº 3 (introduction du chef vaincu).]

64. — Deuxième morceau.

Registre inférieur. — Une mule conduite par un homme armé d'une baguette et habitants qui s'enfuient, chargés de leurs bagages.

2º registre. — Captifs chargés de bagages ; un d'eux donne à boire à un jeune enfant dans une outre ; ils sont précédés par un char de guerre contenant quatre guerriers assyriens casqués (un tient les rênes, l'autre tire de l'arc, les autres lèvent leurs boucliers). Au-dessus, une ligne de montagnes.

3º registre. — Une rangée d'arbres conifères ; puis trois guerriers dont le dernier conduit par la bride deux chevaux, suivis de deux hommes barbus tenant des bâtons. Au-dessus, une autre rangée d'arbres conifères.

Haut. 1.56. Larg. 0.69.
[Inv. Nap. 3436 (Nap. III, 305).]

65. — Bas-relief à trois registres. **Les prisonniers de guerre.**

Registre inférieur. — Un cheval marche vers la gauche, suivi de seize prisonniers, hommes et femmes, que conduit un soldat casqué, armé d'une lance et d'un bouclier ; les hommes sont enchaînés l'un à l'autre par les poignets, deux par deux : ils emportent des vases et des outres ; une femme tient un petit enfant nu ; un autre enfant est juché sur les épaules de sa mère.

2ᵉ registre. — Deux chevaux marchent à gauche, suivis de cinq prisonniers dont quelques-uns sont enchaînés l'un à l'autre par les poignets. Trois autres, portant des bagages, des outres, accompagnent deux bœufs traînant un char sur lequel sont assis des femmes et des enfants.

3ᵉ registre. — On ne voit que les pieds de quelques personnages.

Haut. 0.97. Larg. 1.23.

[Inv. Nap. 3443. (Nap. III, 310). Quelques détails sont reproduits par Place, III, pl. 60, n° 3 (le char traîné par des bœufs); pl. 60, n° 4 (l'enfant sur les épaules de sa mère et les captifs qui suivent.)]

66. — Bas-relief à quatre registres. **L'armée et ses musiciens.**

Registre inférieur. — Cavalier avec armure et casque conique, lançant son cheval au galop et tenant une pique de la main gauche. Deux arbres.

2ᵉ registre. — Fantassin avec casque conique, brandissant un javelot, suivi d'un cavalier galopant, qui tient une lance; derrière vient un fantassin avec casque conique, se couvrant d'un très grand bouclier arrondi par le haut, et armé d'une pique. Il est suivi d'un archer à la tête nue, décochant une flèche.

3ᵉ registre. — Groupe de quatre musiciens barbus; l'un frappe sur un tympanon, un autre pince une lyre à cinq cordes, les deux derniers placés vis-à-vis jouent l'un de la lyre à huit cordes, l'autre des cymbales. Tous quatre ont les cheveux libres et flottants et sont vêtus de longues robes. Près d'eux un homme emmène deux chevaux à la main.

4ᵉ registre. — Dix archers, la tête ceinte d'une bandelette, sept ayant les jambes nues, trois chaussés de bottines, portant sur l'épaule un arc et un carquois, marchent vers la droite en élevant les deux mains.

Haut. 1.62. Larg. 1.03.

[Inv. Nap. 3440. (Nap. III, 306). Plusieurs détails de ce relief ont été reproduits par Place, III, pl. 59, n° 1 (les archers), n° 2 (cavalier et fantassin), n° 3 (le groupe des musiciens), n° 4 (homme amenant deux chevaux). Voir notre pl. 23.]

67. — Bas-relief à trois registres. **Chars de guerre et cavalerie.**

Registre du centre. — Quatre guerriers dans un char ouvert par derrière et attelé de deux chevaux ; ils ont le corps couvert d'armures composées de petites lames, la tête coiffée de casques coniques ; deux d'entre eux élèvent de grands boucliers circulaires ; un troisième tire de l'arc ; le quatrième tient les rênes des chevaux. En avant, un archer à cheval, avec la même armure, les jambes chaussées de bottines, précédé d'un fantassin maniant la fronde.

Registre supérieur. — Même sujet. L'archer à cheval est en partie brisé. Il ne reste du frondeur que le talon, près duquel est placé un amas de pierres sphériques.

Registre inférieur. — Petites figures. Homme assis à gauche, autre debout donnant à manger à un cheval attaché à un piquet devant une auge emplie de grain. Char dételé, chargé de bagages ; deux hommes assis à droite mangent ; leur nourriture est placée dans un grand vase près duquel se tient debout un autre homme portant une outre. Char dételé, en partie brisé (cf le n° 72).

Haut. 1.10. Larg. 0.99.

[Inv. Nap. 3441 (Nap. III, 307). Publié par Place, III, pl. 60, n°s 1 et 2 ; Perrot-Chipiez, II, p. 283, fig. 115 ; p. 491, fig. 221 ; Dieulafoy, *Acropole de Suse*, p. 30, fig. 26. Voir notre pl. 24.]

68. — Bas-relief à trois registres. **Prisonniers de guerre.**
Tribu conduite par des soldats dans un pays tout planté de palmiers.

Registre inférieur. — Char couvert de bagages ; homme portant de grandes couffes ; un homme donne à boire à un petit enfant ; une femme se baisse pour en prendre un autre dans ses bras. Mule portant deux enfants et femme avec son enfant sur ses épaules.

2ᵉ registre. — Femmes portant des outres ; prisonniers enchaînés, portant des outres. Guerriers emportant les armes des vaincus.

Registre supérieur. — Prisonniers portant des outres, suivis d'un troupeau de bœufs en tête duquel marche un jeune veau.

Haut. 1.20. Larg. 1.90.
[Inv. Nap. 3444 (Nap. III, 309). Publié par Place, III, pl. 63.]

69. — Bas-relief à trois registres. **Même sujet.**
Tribu marchant au milieu des palmiers. Dans les trois zones superposées des hommes portent des outres, des couffes, des vases de diverses formes. Une femme tient à la main une lampe, une autre un alabastron décoré de chevrons. Quelques prisonniers sont attachés deux à deux par les poignets.

En tête du second registre, les restes d'un chariot portant deux femmes.

Haut. 1.28. Larg. 1.28.
[Inv. Nap. 3447 (Nap. III, 312). Publié par Place, III, pl. 65.]

70. — Bas-relief à trois registres. **Même sujet.**
Registre inférieur. — Deux soldats coiffés de casques, le premier levant un bâton, le second tenant une lance, un bâton et un grand bouclier circulaire suspendu à l'épaule droite, conduisent des prisonniers vêtus de long, chargés d'outres, sur le bord d'une rivière qu'ils viennent de traverser.

2ᵉ Registre. — Deux soldats vêtus comme les premiers conduisent sept prisonniers qu'ils menacent de leurs bâtons.

3ᵉ Registre. — Fruste. Bas de personnages. Traces de peinture rouge en quelques parties du relief.

Haut. 1ᵐ. Larg. 0.70.

[Inv. Nap. 3446 (Nap. III, 317). Publié par Place, III, pl. 58, nᵒˢ 2 et 4.]

71. — Bas-relief à deux registres. **Fantassins et cavaliers.**
Registre inférieur. — Trois fantassins portant une armure composée de petites lames ; le premier, coiffé d'un casque conique, se couvre de son bouclier et brandit un javelot, le second lance une flèche, le troisième manie une fronde. Deux cavaliers coiffés de casques coniques les suivent, le premier tenant une lance, le second décochant une flèche. Tous ces personnages sont placés sur un terrain montagneux, dans lequel croissent cinq oliviers.

Registre supérieur. — Un fantassin coiffé d'un casque à cimier, élevant un grand bouclier circulaire et brandissant un javelot. Derrière lui, trois cavaliers coiffés de casques coniques, les deux premiers décochant des flèches, le dernier brandissant une longue lance ; il est suivi par un fantassin frondeur, la tête nue. Tous sont au pied d'une grande montagne sur laquelle s'élèvent dix arbres.

Haut. 1.29. Larg. 1.14.

[Inv. Nap. 3445. (Nap. III, 311). Publié par Place, III, pl. 61.]

72. — Bas-relief à deux registres. **Campement de guerre.**
— Homme debout tenant une outre et parlant à un homme assis, tourné à gauche, et tenant aussi une outre.

Groupe de quatre hommes mangeant ; trois sont assis ; ils saisissent à l'aide de leurs doigts la nourriture placée dans un grand vase. Homme apportant dans une sébile le grain destiné à un cheval attaché par une longe à un tronc d'arbre. Derrière le cheval passe un homme tenant une outre. Plus loin, un homme apporte une outre et de la nourriture qu'il place dans la main d'un vieillard assis (cf. le n° 67).

Registre inférieur. — Homme debout élevant la main, près d'un personnage assis tourné à gauche. Deux hommes assis à droite qu'un enfant salue en portant la main à son front. Homme tenant une outre, femme accompagnée d'une petite fille et faisant boire à une outre un jeune garçon ; il est suivi d'un homme qui étend les deux bras et près duquel est un autre homme assis, la main posée sur le genou.

Haut. 0.41. Larg. 0.77.

[Inv. Nap. 3442. (Nap. III, 308). Publié par Place, III, pl. 64, n⁰ˢ 1 à 4. La table des planches, p. vii, indique comme provenance Nimroud, mais la planche gravée porte Kouyoundjick.]

73. — Fragment de grand bas-relief endommagé par le feu. Le sujet représente une **Ville fortifiée avec quatre enceintes de tours** (superposées sans essai de perspective), la première plus basse que les autres, la quatrième plus élevée. Les portes en voûte sont figurées par intervalles. Dans l'enceinte supérieure, une haute baie carrée entre deux tours est accostée de deux grands étendards devant lesquels un homme drapé, accompagné d'un serviteur (figures très endommagées) offre un sacrifice sur un autel placé en face de lui (forme de meuble à deux pieds). Derrière l'autel, on distingue le bas d'un personnage drapé, debout sur une tête d'homme imberbe coupée ; peut-être s'appuyait-il sur une canne dont le bout porte sur la même tête ; un peu plus loin, un arc dressé debout et sans doute tenu par un autre personnage.

Plus à gauche, entre le sommet de deux tours, bas de personnage drapé. Chaque tour est ornée de trois créneaux. A la partie inférieure, une rivière ou un fossé plein d'eau

baigne le pied de l'enceinte ; on y voit nager des poissons.
Dans une zone placée en dessous et très endommagée,
on distingue aussi des poissons nageant, des objets à la
dérive.

Haut. 1.22. Larg. 1.12.
[Inv. Nap. 3427(Nap. III. 319). Publié par Place, III, pl. 41, n° 1 ;
Maspero, *Hist. anc. des peuples de l'Orient*, III, p. 562 ; Dieulafoy,
Acropole de Suse, p. 195, fig. 92.]

Seuil sculpté.

74. — **Pavage** d'un passage dans le palais de Kouyoundjick.
Dalle d'entrée : deux angles échancrés circulairement pour
la place des gonds ; au centre, une mortaise quadrilatère destinée à recevoir le verrou inférieur de la porte.

Le champ est entièrement semé de rosaces à six pétales qui
se combinent pour entrer dans la composition des étoiles
voisines. Autour une bordure de 69 roses à seize pétales.

Sur trois côtés, une seconde bordure composée de fleurs de
lotus alternant avec des boutons.

Haut. 1.25. Larg. 2.08.
[Inv. Nap. 3448 (Nap. III, 318). Publié par Place, III, pl. 49,
n° 1 ; Perrot-Chipiez, II, p. 251, fig. 96 ; p. 319, fig. 135.]

SCULPTURES SANS PROVENANCE CONNUE

75. — Fragment. **Guerrier penché en avant,** les deux bras tendus et tenant de la main droite un objet indistinct (oiseau ?). Il est barbu, coiffé du casque, vêtu d'une tunique courte à franges ; son arc est passé sous l'aisselle droite ; il porte dans le dos un carquois avec couvercle orné de houppettes. — E. P.

Haut. 0.64. Larg. 0.33.

Pas de numéro d'inventaire ni de provenance connue. Style du palais de Nimroud.

76. — Fragment. **Grande tête d'homme barbu,** tournée à gauche, les cheveux ceints d'un bandeau à rosaces, boucle d'oreilles en pendeloque. — E. P.

Haut. 0.82. Larg. 0.79.

Pas de numéro d'inventaire ni de provenance. Style de Khorsabad (voir le n° 47). Publié par Perrot-Chipiez, II, p. 104, fig. 25.

77. — **Tête de guerrier barbu,** tournée à droite, les cheveux ceints d'une bandelette, le cou endommagé. Très analogue au n° 55. — E. P.

Haut. 0.26. Larg. 0.19.

Pas de numéro d'inventaire ni de provenance. Style de Khorsabad.

78. — Fragment. **Deux dieux en caryatides.** Au centre une colonne cannelée, avec un tore central muni de feuilles retombantes, porte une sorte d'entablement. De chaque côté de la colonne, un dieu barbu soutient des deux mains élevées cet entablement; celui de droite a le bras gauche brisé. Tous deux sont coiffés d'une tiare à cornes avec un fleuron au sommet (cheveux abondants et bouclés, longues barbes striées) et vêtus d'une tunique à manches. Ils sont brisés à mi-corps. — E. P.

Haut. 0.24. Larg. 0.47.

Pas de numéro d'inventaire. Pas de provenance connue. Style du palais de Kouyoundjick.

79. — Fragment d'un sujet analogue au n° 62, le **Char du roi.** Le morceau conservé ici montre la grande roue du char, renforcée de clous, à huit rayons, auprès de laquelle se tient un officier du roi qui, de la main droite, saisit un des rayons comme pour pousser la roue. Il est barbu, les cheveux ceints d'un bandeau, vêtu d'une tunique courte serrée à la taille par une large ceinture dans laquelle est passée l'épée, les jambes couvertes de hautes bottes lacées ; bracelets aux poignets. De la main gauche abaissée il tient une masse d'armes. En arrière-plan, en partie cachés par la roue, deux serviteurs imberbes se profilant l'un sur l'autre, élèvent une main en l'air (qui tenait le chasse-mouches); ils sont vêtus d'une longue tunique à franges. — E. P.

Haut. 0.53. Larg. 0.44.

Inv. AO. 2254. Don de M. Jules Maciet (1892). Pas de provenance connue. Style du palais de Kouyoundjick.

80. — Fragment d'un **Siège de ville** (pour le sujet, voir le n° 63). Deux échelles sont dressées contre le mur d'une citadelle dont on aperçoit les tourelles et les créneaux dans la partie supérieure. Sur celle de droite, deux guerriers montent à l'assaut, tenant la lance. En bas de l'échelle, et de plus grande taille, un guerrier barbu, casqué, un genou en terre, tire de l'arc. Sur la seconde échelle montent deux guerriers de même type, tenant dans la main droite la lance et élevant de la main gauche leurs boucliers, tous deux barbus et coiffés d'un casque. — E. P.

Haut. 0.48. Larg. 0.40.

Inv. AO. 2255. Don de M. Jules Maciel (1892). Pas de provenance connue. Style du palais de Kouyoundjick.

81. — Fragment d'un **Siège de ville**. Trois guerriers escaladent une échelle l'un derrière l'autre; chacun d'eux, barbu, coiffé d'un casque, manie sa lance de la main droite élevée et se couvre de la main gauche avec un bouclier en osier. A droite on devait voir les assiégés dans la citadelle; il ne reste que deux mains, chacune tenant un arc. — E. P.

Haut. 0.20. Larg. 0.21.

Pas de numéro d'inventaire ni de provenance. Style du palais de Kouyoundjick. Comme sujet analogue, cf. Botta, I, pl. 55; II, pl. 96; Layard, *Mon. of Nineveh*, II, pl. 31, et notre n° 63.

81 bis. — Fragment d'une **Scène de guerre**. Dans un paysage de montagne indiqué par trois arbrisseaux et des rochers figurés en quadrillés, sont jetés des corps d'ennemis morts et de captifs suppliciés. En haut, jambes d'un guerrier étendu par terre; en bas, le corps nu d'un mort barbu, la tête complètement retournée; à droite, les bras levés d'un prisonnier chevelu dont les poignets sont passés dans les anneaux d'une grande cangue de bois.

Haut. 0.31. Larg. 0.34.

Pas de numéro d'inventaire. J'ai retrouvé ce fragment en magasin. Il ne figure pas dans le Catalogue de Longpérier et ne doit pas provenir des fouilles de Botta; il aurait plutôt été rapporté par V. Place. — E. P.

MOULAGES

Les moulages disposés dans les salles ou sur l'Escalier asiatique servent à compléter l'étude des sculptures originales du Louvre; presque tous sont tirés de la belle collection du Musée Britannique. Nous ne les décrirons pas en détail, mais nous indiquerons les sujets représentés en renvoyant aux publications où l'on peut les retrouver. — E. P.

Grands Monuments.

82. — **Sphinx assyrien** (lion ailé à tête humaine) du palais de Nimroud-Kalakh (époque d'Assour-nazirpal, 885-860); représentation assez rare qui diffère beaucoup du sphinx classique des Égyptiens et qui s'apparente à la représentation plus fréquente du taureau ailé à tête humaine. — Voir Layard, I, pl. 3; H. Gressmann, II, p. 89, fig. 164; *Guide to the bab. and assyr. antiq. Brit. Museum* (1908), p. 21, pl. 4.

83. — **Obélisque de Salmanasar II** (860-825). On l'appelle « l'Obélisque noir », à cause de la couleur de la pierre dont il est fait. Il représente, dans une série de cinq registres qui couvrent les quatre faces, les peuples vaincus, et en particulier les Hébreux avec le roi d'Israël Jéhu, apportant au roi leurs tributs. Une longue inscription énumère les campagnes de Salmanasar, les pays qu'il a subjugués. — Voir Layard, *Monum. of Nineveh*, I, pl. 53 à 56; Perrot-Chipiez, II, p. 271, fig. 111 ; p. 525, fig. 239 ; Maspero, *Hist. anc. de l'Orient class.*, III, p. 67, 69, 71, 86, 89, 92 (vue d'ensemble), 93, 125 ; *Guide to the bab. and ass. antiquit. Brit. Mus.*, p. 30, pl. 14 ; A. Jeremias, *Das alte Testament*, 2e édit., p. 515 et suiv., fig. 169 à 171 ; H. Gressmann, *Altoriental. Texte in Bilder*, II, p. 89, fig. 164.

84. — Taureau ailé à tête humaine (palais de Khorsabad, époque de Sargon II, 722-705). Comme nous l'avons dit plus haut (p. 64), il complète dans notre grande salle l'ornementation architecturale de l'ensemble et il a été surmoulé sur le taureau n° 12.

85. — Stèle de Larnaca, aujourd'hui au Musée de Berlin. Elle fut érigée à Larnaca, dans l'île de Chypre, par le roi Sargon II, comme trophée de son expédition dans l'île vers 708 av. J.-C. Le relief en pierre noire représente le roi tenant la masse d'armes ; dans une longue inscription sont énumérés les exploits les plus glorieux du conquérant. — Voir Maspero, *Hist. anc.*, III, p. 260 ; Cesnola, *Cyprus* (1877), p. 47. Pour l'inscription, cf. Schrader, *Die Sargonstele*, dans les *Abhandlungen* de l'Académie de Berlin, 1881 ; H. Winckler, *Keilschrifttexte Sargons*, I, p. 174-185.

Bas-reliefs du Palais de Nimroud-Kalakh.

Les originaux sont placés dans la Nimroud Gallery du British Museum ; voir *A Guide to the babylonian and assyrian antiquities* (1908), p. 21 et suiv.

86. — Deux Génies ailés, barbus, agenouillés de chaque côté de la plante sacrée (Époque d'Assour-nazirpal, 885-860). — Voir Layard, *Mon. of Nineveh*, I, pl. 7 A ; Jastrow, *Bildermappe*, pl. 16, n° 55 ; Jeremias, *Das alte Testament*,

p. 194, fig. 66 ; Springer-Michaelis, *Handbuch*, p. 65, fig. 136.

87. — **Le roi Assour-nazirpal sur son char,** tirant de l'arc contre une ville assiégée par ses troupes ; au-dessus de lui, la figure du dieu Assour ; dans le champ, les vaincus tués par des soldats. Voir Layard, I, pl. 13 ; Maspero, III, p. 117 ; Hunger et Lamer, *Altorient. Kultur*, fig. 131.

88. — **Le roi à pied tire de l'arc** contre une ville assiégée par ses troupes et dont les murailles tombent sous les coups d'une machine de guerre (bélier). Voir Layard, I, pl. 17 ; Perrot-Chipiez, II, p. 475, fig. 213 ; Maspero, III, p. 10 ; Handcock, *Mesopot. arch.* pl. 16.

89. — **Le roi à pied tire de l'arc** contre une ville assiégée que ses troupes prennent d'assaut en montant à l'échelle. Femmes emmenées en captivité avec le bétail. Voir Layard, I, pl. 20.

90. — **Le roi à pied, en avant de son char, tire de l'arc.** Dans le champ, corps d'un ennemi dévoré par un oiseau de proie. Voir Layard, I, pl. 18.

91. — **Cavaliers assyriens** poursuivant l'ennemi ; un fuyard est monté sur un dromadaire. Voir Layard, I, pl. 57.

92. — **Soldats passant une rivière,** en se soutenant sur des outres ; d'autres en bateau ; d'autres nageant à côté de leurs chevaux. Voir Layard, pl. 15 et 16 ; Maspero, II, p. 628.

93. — **Chariots** avec fugitifs, **Troupeaux** capturés, près d'une citadelle battue par une machine de guerre (bélier). Voir Layard, I, pl. 58.

94. — **Bétail capturé** ; trois files d'animaux domestiques. Voir Layard, I, pl. 60.

95. — **Le roi dans son char tire de l'arc contre un lion** rugissant. Sous les chevaux, le corps d'un lion blessé. Voir Layard, I, pl. 10.

96. — **Le roi dans son char saisit par la corne un taureau** sauvage fuyant. Sous les chevaux, le corps d'un taureau blessé. Voir Layard, I, pl. 11 ; Maspero, II, p. 623 ; *Au temps de Ramsès et d'Assourbanipal*, p. 292, fig. 144 ; Hunger et Lamer, fig. 125.

97. — **Le roi fait une libation,** entouré de son personnel, sur le corps d'un lion. Voir Jeremias, *Das alte Testament*, p. 431, fig. 138.

98. — **Le roi fait une libation** sur le corps d'un taureau sauvage. Voir Layard, I, pl. 12 ; Perrot-Chipiez, II, p. 455, fig. 205 ; Maspero, *Au temps de R. et d'A.*, p. 293, fig. 145 ; Jastrow, *Bildermappe*, pl. 29, n° 90 ; Handcock, *Mesopot. arch.*, pl. 16.

Inscriptions (Palais de Khorsabad).

99. — Sur le socle du grand génie ailé (n° 18), moulage de l'inscription qui est gravée au revers de la plaque ; voir plus haut, p. 67.

100. — Dans l'Escalier asiatique, deux moulages donnent la formule des inscriptions de Sargon II, semblables à celles des taureaux ailés ; voir plus haut, p. 64.

PETITS MONUMENTS ET OBJETS DE VITRINE

I. OBJETS EN PIERRE

Sculptures.

101. — **Tête d'homme** barbue, tournée à gauche, petit fragment d'un bas-relief analogue à ceux qui sont décrits plus haut.

Haut. 0.10; Larg. 0.09.

[Inv. Nap. 3164 MN. 121. Cat. Longpérier, n° 280. —Étiquette n° 8300.] Trouvé à Khorsabad et acquis en 1850.

102. — **Tête du démon Pazouzou**, dieu de la maladie et de la fièvre. Il a l'aspect d'un tigre, le nez épaté, les yeux enfoncés, les babines retroussées et montrant les dents ; deux cornes de chèvres, aplaties sur le sommet du crâne, complètent sa physionomie diabolique. La pièce est percée d'un trou de part en part, sans doute pour être suspendue comme amulette ; cf. les types similaires en terre cuite, n°s 215 à 217. Pour le sujet complet, voir la statuette de bronze, n° 146. Au revers est gravée une inscription de dix-sept lignes en petits caractères ; c'est une conjuration où le démon est assimilé au vent impétueux, à l'ouragan, aux puissances dévastatrices qui abattent l'homme fort ; qu'il n'approche pas de la maison, etc. — E. P.

Haut. 0.065.

Inv. AO. 1197. Don de M. G. Maspero, en souvenir de M. Luigi Vassalli qui la tenait d'un marchand de Bagdad. Pierre noirâtre ;

style soigné; la pièce est brisée à la hauteur de la bouche. — Publiée par Carl Frank, dans la *Revue d'Assyriologie*, VII, 1909, p. 29, pl. I, n° 3 ; M. Jastrow, *Bildermappe*, pl. 20, n° 65. L'inscription a été traduite par le Père Scheil, dans le *Recueil de travaux relatifs à la phil. et l'arch. égypt. et assyr.*, XVI, 1894, p. 34 et suiv. Pour les têtes similaires en pierre et en terre cuite, cf. C. Frank, *op. l.*, pl. 1, et son étude, *Babylonische Beschwörungs-Reliefs*, Leipzig, 1908 ; Jastrow, *Bildermappe*, pl. 20, n° 66 ; Gressmann, *Altoriental. Bilder*, II, p. 97, fig. 181.

103. — **Même sujet.** Voir le n° précédent. La tête est percée d'un trou horizontal d'une oreille à l'autre. Le travail est sommaire ; les dents indiquées par une sorte de dessin géométrique. Cou long et ridé en forme de piton. Il y avait une inscription au revers, mais elle est complètement effacée, sauf quelques vestiges de caractères. — E. P.

H. 0.095.

Pas de numéro d'inventaire. Pierre grise. La provenance n'est pas connue. Publié par C. Frank, *op. l.*, p. 28, pl. I, n° 2 ; M. Jastrow, *op. l.*, pl. 20, n° 65.

104. — **Même sujet.** La tête est percée d'un trou horizontal d'une oreille à l'autre. L'exécution est soignée, la matière belle. Au revers, l'inscription est gravée en quatre lignes de caractères irréguliers et comme jetés au hasard ; on serait autorisé à supposer une addition moderne. Toutefois C. Frank est d'avis que, pour des raisons d'écriture magique, on a pu graver des signes de ce genre qui semblent éviter à dessein de se croiser ou même de se toucher. — E. P.

Haut. 0.03. Larg. 0.04.

Pas de numéro d'inventaire. Pierre rouge. La provenance n'est pas connue. Brisé à la partie inférieure, à la hauteur de la bouche. Publié par C. Frank, *op. l.*, p. 30-31, pl. I, n° 4 ; M. Jastrow, *op. l.*, pl. 20, n° 65.

105. — Fragment de **Tablette de pierre avec scène des Enfers.** Deux personnages, dont l'un posé de face et fortement barbu lève le bras droit; l'autre, dont la tête est brisée, tient une arme de chaque main. Au-dessus de ces figures on voit un soleil, une tiare, un globe ailé avec une queue d'oiseau et l'orbe lunaire. Au-dessus encore apparaissent les griffes d'un animal ailé, dont le corps est sculpté au revers du bas-relief. — A. L.

Haut. 0.06. Larg. 0.075. (Acquis en 1850.)

[Inv. Nap. 3163. MN. 120. Étiquette n° 8299, Cat. Longpérier, n° 279. Il n'a pas mentionné la matière, en pierre noirâtre. C'est une pièce acquise en 1850, mais sans provenance indiquée; il n'y a donc pas de raison de croire qu'elle vienne de Khorsabad. Ce fragment de plaque appartient à la série encore rare des représentations des Enfers; elle était surmontée d'une tête du démon Pazouzou, aujourd'hui brisée, mais dont le corps ailé, avec la queue retroussée, est sculpté en faible relief sur le revers. Voir le type complet de cette représentation dans la plaque de bronze de la Collection de Clercq (Clermont-Ganneau, *Revue archéol.*, 1879, II, p. 337, pl. 25; de Clercq, *Coll.*, II, pl. 34, p. 229; cf. pl. 35, p. 232; Perrot-Chipiez, II, p. 363-364, fig. 161, 162; Jastrow, *Bildermappe*, pl. 33, n° 100; Gressmann, *Altoriental. Bilder*, II, p. 98, fig. 182), et dans la plaque de bronze du Musée de Constantinople (V. Scheil, dans *Recueil de travaux relatifs à la phil. et l'arch. égypt. et assyr.*, nouvelle série, IV, 1898, p. 59); cf. le n° suivant, exemplaire plus complet. — E. P.]

106. — Autre fragment de **Tablette avec représentation des Enfers.** En haut, une partie saillante, percée d'un trou horizontal pour la suspendre comme amulette protectrice près du lit d'un malade. Face A en trois registres : 1° Symboles parmi lesquels on voit le disque ailé, le croissant lunaire, une tiare (?). — 2° Le malade étendu sur son lit, au pied et à la tête duquel se tient un dieu barbu bienfaisant, et derrière chacun d'eux un dieu malfaisant, à tête de lion, levant son bras armé. — 3° Partie fragmentée ; on voit encore la tête de la déesse Allât, à tête de félin, les oreilles dressées (pour le type complet, voir la plaque de Clercq mentionnée ci-dessus). — Face B en deux registres : 1° File de sept dieux à têtes d'animaux différents. 2° Une ligne d'inscription incomplète qui ne donne pas de sens suffisant. — Malgré l'absence du démon Pazouzou, c'est un objet religieux de même nature que le précédent. La plaque de la Collection De Clercq et la plaque de Constantinople, mentionnées ci-dessus, permettent d'en comprendre la composition : en haut les cieux, au milieu la terre avec la scène de la maladie, en bas les Enfers avec les dieux infernaux qui attendent l'homme, entre autres la déesse Allât, à corps humain et à tête de lionne, tenant deux serpents et debout sur la barque funéraire. — E. P.

Haut. 0.06. Larg. 0.085.

Inv. AO. 2491. Acquis vers 1893. Pas de provenance indiquée (région de Mossoul ou de Bagdad?). Pierre noirâtre. Voir notre pl. 25.

Instruments et armes.

107. — **Haut de sceptre** (?). Il est formé de deux têtes de taureaux adossées ; yeux évidés pour une incrustation ; fanons sur le col exprimés en godrons parallèles et stylisés. Exécution soignée. — E. P.

Haut. 0.025. Larg. 0.06.

Inv. AO. 2757. Acquis en 1898 et trouvé dans la région de Van, touchant à l'Assyrie (toutefois, d'après le style, la pièce pourrait être d'époque perse). Pierre blanche et dure comme une sorte de marbre.

108. — **Masse d'armes**, percée d'un trou vertical pour insérer un manche de bois. Dans un cartouche est gravée une ins-

8

cription de six lignes, qui est une dédicace à un dieu (nom **absent**) par un particulier (nom incomplet) pour la vie de **Toukoulti-ninib**. Il s'agit de Toukoulti-ninib II, roi d'Assour, (890-885) ; cf. notre n° 121. — E. P.

Haut. 0.08.

Inv. AO. 2152. Calcaire fin. Acquis d'un consul étranger qui résidait à Mossoul.

109. — **Masse d'armes** fragmentée ; elle avait été percée d'un trou vertical pour y insérer un manche. Inscription gravée, dédicace au dieu Assour par un particulier nommé Niq-Aia, pour sa vie et pour sa santé. — E. P.

Haut. 0.075.

Inv. AO. 3762. Calcaire fin. Pas de provenance indiquée (région de Mésopotamie ?). Acquis vers 1901.

Pierres taillées de couleurs.

V. Place a noté (*Ninive et l'Assyrie*, I, p. 188-195) les circonstances curieuses de la découverte de ces pierres de différentes matières et de différentes couleurs, taillées et percées pour être enfilées. Mais elles n'étaient pas à l'état de colliers quand on les recueillit ; elles se trouvaient ensevelies en grand nombre et répandues dans une couche de sable fin, placée immédiatement sous les fondations des portes de la ville (et non des portes du palais où l'on ne trouve rien de ce genre). Place suppose que les habitants accomplirent un rite religieux, lors de la construction des différentes portes de leur ville, qui consistait à se dépouiller de leurs parures et à les jeter dans ce sable comme amulettes protectrices. Cf. aussi Longpérier, *Œuvres*, I, p. 180-181 ; Perrot-Chipiez, II, p. 332. Les pierres ainsi recueillies furent assemblées et on en forma arbitrairement les colliers qui sont aujourd'hui exposés. Voir

les reproductions dans les planches de Place, III, pl. 75;
Perrot-Chipiez, p. 762, fig. 425-427. Voir notre pl. 26.]

A. de Longpérier a dans sa *Notice* (p. 64, nᵒˢ 295 à 380)
énuméré en détail tous les colliers et bracelets que nous
avons ici plus brièvement désignés, tels qu'ils se présentent,
plaquette par plaquette où sont rassemblées autant que possible les pierres de même matière. — E. P.

Colliers et bracelets.

110. — Plaquette A. (Cat. Longpérier, nᵒˢ 311, 317, 318,
320, 332, 359, 360). — **Sept colliers** en grains de cornaline,
sardoine, jaspe, dont plusieurs sont en forme de cylindres ou
de petits barillets.

111. — Plaquette B. (Cat. Longpérier, nᵒˢ 322, 323, 325,
326, 328, 345, 356). — **Sept colliers** en grains de jaspe, sardoine, lapis; plusieurs taillés en barillets, cylindres, plaques,
olives, vases, hachettes, etc. Voir notre pl. 26.

112. — Plaquette C. (Cat. Longpérier, nᵒˢ 327, 329, 330,
365, 369, 370, 371, 372, 373, 374). — **Dix bracelets** en
pierres taillées, agate, cristal de roche, sardoine, améthyste,
cornaline. Au centre, quatre petits bracelets formés de
pierres en cornaline, sardoine, lapis, grenat, améthyste (*id.*,
nᵒˢ 301, 302, 310, 366).

113. — Plaquette D. (Cat. Longpérier, nᵒˢ 315, 317, 350, 351,
368, 376, 379, 380). — **Huit bracelets** formés de grains de cornaline, pierre grise, jaspe, sardoine, agate. Le collier nᵒ 368
est publié par Perrot-Chipiez, II, p. 762, fig. 426. — (*Id.*,
nᵒˢ 295, 303, 304, 305, 306, 307, 308, 321, 343, 344, 358,
367, 377). Le collier nᵒ 304 est publié par Perrot et Chipiez,
II, p. 762, fig. 425; le collier nᵒ 367, *ibid.* fig. 427. —

Treize colliers en grains de cornaline, jaspe, sardoine, lapis, améthyste, pâte bleue, malachite, agate ; plusieurs taillées en barillets, cylindres, médailles, plaques, olives, canard, etc. Pour les amulettes placées sur la même plaquette, cf. plus loin, n° 117. Voir notre pl. 26.

114. — Plaquette E. (Cat. Longpérier, n⁰ˢ 297, 298, 314, 315, 316, 319, 334, 335, 338, 341, 342, 346, 347, 351, 352, 353, 354, 357, 362, 363, 364, 378). — **Vingt-deux petits bracelets** formés de grains de cornaline, jaspe, ambre, sardoine, améthyste, obsidienne, grenat, lapis, pâte de verre, malachite ; plusieurs taillés en barillets, plaques, cylindres, rouelles, médaillons.

115. — Plaquette F. (Cat. Longpérier, n⁰ˢ 309, 312, 313, 333, 337, 339, 361). — **Sept colliers ou bracelets** en grains de cornaline, sardoine, grenat, lapis, malachite ; plusieurs taillés en petits cylindres et rouelles.

116. — Plaquette G. (Cat. Longpérier, n⁰ˢ 296, 299, 324, 335, 336, 349, 353). — **Sept bracelets** formés de grains de cornaline, jaspe, cristal, agate, lapis, sardoine, malachite ; plusieurs taillés en formes de barillets, cylindres, médaillons, rouelles.

Pierres diverses et amulettes.

117. — Sur la plaquette D sont posés aussi divers autres objets (voir notre pl. 26). — (Cat. Longpérier, n° 300). **Bague** en cornaline brune. — (*Id.*, n° 506). Canard couché, la tête retournée, en sardoine brune (percé dans la longueur). — (Inv. Nap. 3395). **Tête d'animal** avec trou de suspension ; sardoine brune à veines blanches. — (Inv. Nap. 3396). **Tête de veau** en sardoine blanche (percée dans la longueur). — (Inv. Nap. 3397 ; Cat. Longpérier, n° 508). **Coquille** imitée en jaspe (percée dans la longueur). — (Inv. Nap. 3401). **Amulette** en forme d'œil, en sardoine grise avec prunelle de brun foncé. — (Inv. Nap. 3402). **Analogue** en sardoine grise avec prunelle rouge. — (Inv. Nap. 3403 ; Cat. Longpérier, n° 510). **Analogue** en sardoine blonde avec prunelle brune (percée dans la longueur). — (Inv. Nap. 3404 ; Longpérier, n° 511). **Analogue** en sardoine blanche avec prunelle rouge. — (Inv. Nap. 3405 ; Longpérier, n° 512). **Analogue** en agate grise avec prunelle blanche (percée dans la longueur). — (Longpérier, n° 515). **Analogue** en pierre blanche taillée en amande, avec prunelle noire. Voir notre pl. 26.

118. — A la même catégorie nous rapporterons des objets placés dans la vitrine plate voisine. — (Inv. Nap. 3419 ; Cat. Longpérier n° 526). Un lot de **Pierres taillées** en grains, rouelles ou olives, percées dans la longueur, en sardoine et quartz blanc. C'est un reliquat des pierres de Khorsabad dont on avait formé des colliers. — (Inv. Nap. 3420 ; Longpérier, n° 527). **Morceaux de cristal de roche**, percés dans la longueur ; même provenance. — (Inv. Nap. 3421 ; Longpérier, n° 528). Fragments de **Lames d'obsidienne**.

119. — **Amulette** ou coulant de collier, en forme d'olive. Elle porte une inscription au nom du roi Sargon, faisant offrande à sa dame, la déesse Dam-Kina. — E. P.

Larg. 0.04.
AO. 1936. Pierre jaspée de blanc et de brun. Acquis vers 1890 (région de Mossoul).

120. Amulette en forme d'œil, prunelle de couleur rose enchâssée dans une pierre blanche qui est entourée d'un cercle de verre bleu foncé. Sur la prunelle, inscription gravée au nom du roi Sargon, offrande à sa dame, la déesse Ningal. — E. P.

Diam. 0.03. Inv. Nap. 3400 (289).

121. — **Amulette** ou coulant de collier, en forme de pierre oblongue, percée d'un trou dans la longueur. Elle porte gravée une inscription mentionnant qu'elle est offerte au dieu Samas par Toukoulti-ninib, roi d'Assour, fils d'Adad-nirari (Toukoulti-ninib II, 890-885). Cf. notre n° 108. — E. P.

L. 0.025.

Pas de numéro d'inventaire. Pierre blanche jaspée de rouge.

Objets en pâte artificielle imitant la pierre.

122. — **Amulette** en forme de cylindre ou coulant de collier, percé d'un trou dans la longueur, en pâte bleue imitant le lapis-lazuli. Cinq registres gravés en creux. — 1° Deux personnages conversant, deux personnages et deux quadrupèdes opposés dressés, quadrupède et lion dressé. — 2° Quatre personnages à la file de chaque côté d'un arbrisseau ou plante sacrée. — 3° Cinq dieux à têtes d'animaux, allant vers le lit où est étendu un malade qui agite les bras. — 4° Cinq personnages allant vers un dieu assis devant la plante sacrée et derrière lequel se tiennent deux autres dieux debout. — 5° Personnage de forme indistincte, la barque infernale portant une divinité (sans doute la déesse Allât), un crabe, un personnage tourné vers le précédent, un scorpion. — La composition présente un mélange des combats d'animaux et des présentations au dieu qui sont usités sur les cylindres gravés, avec des emprunts aux scènes d'exorcisme et de représentation des Enfers, comme on en voit sur la tablette en bronze de la Collection de Clercq et autres monuments similaires (cf. notre n° 106). Le caractère d'amulette protectrice pour la maladie y est bien marqué. — E. P.

Larg. 0,072.

Inv. AO. 6604. Trouvé à Warka (Babylonie) et acquis en 1913.

Nous l'avons admis ici, bien que les cylindres gravés soient réservés pour une publication spéciale, comme objet de style assyrien en relation avec les monuments de l'art ninivite que nous étudions ici. Voir notre pl. 27.

123. — Une petite **Tête d'homme** surmontée d'une bélière.

Inv. Nap. 3391 (740). Cat. Longpérier, n° 502.
Pâte blanchâtre (Khorsabad, 1852).

124. — Dix-huit **Pions de jeu**, en forme de demi-œufs, fond blanc avec des bandes vertes ; la partie plane qui forme la base est décorée d'une petite rosace blanche très finement exécutée.

[Inv. Nap. 3443 (857 à 874). Cat. Longpérier, n° 520.]

(Trouvé à Tell-Guirgor, en 1852. Sur cette provenance, voir notre n° 161.)

125. — Trente-cinq **Anneaux** de pâte blanche et grise, un petit **Quadrilatère** de verre percé dans toute sa longueur et une **Coquille** marine du genre cône également percée.

[Inv. Nap. 3444 (875). Cat. Longpérier, n° 521.]
(Trouvé à Tell-Guirgor, en 1852 ; cf. le numéro précédent.)

126. — Vingt **Grains** de collier de formes diverses, pâte jaune, bleue, verte, lapis-lazuli, émeraude, tous percés.

[Inv. Nap. 3410 (835 à 854). Cat. Longpérier, n° 517.]
(Khorsabad, 1852.)

126 bis. — **Grains de collier** en pâte blanche, forme sphérique, olives allongées, cylindres, grains cannelés. La matière est en partie décomposée par l'action du temps.

[Inv. Nap. 3412 (855). Cat. Longpérier, n° 518.
(Même provenance.)

127. — Deux cent vingt-deux petits **Disques** hémisphériques de pâte blanche, grise, jaune, rouge, en forme de grains de mauve ; plats en dessous, cannelés en dessus, percés au centre.

[Inv. Nap. 3412 (856). Cat. Longpérier, n° 519.]
(Même provenance.)

128. — **Quadrilatère** de pâte verdâtre, percé dans toute sa ongueur ; les deux extrémités sont enveloppées de feuilles d'or. Petits **Grains** de pâte blanche et petits **Cylindres** de pâte bleue, tous percés.

[Inv. Nap. 3415 (876). Cat. Longpérier, n° 522.]
(Tell-Guirgor, 1852.)

*Objets en pâte artificielle et divers
en coquille taillée, nacre, etc.*

129. Quarante-sept petits objets en **Coquille taillée**, en nacre et en pâte moulée, cylindres, barillets, grains sphériques, médaillons ronds et hexagones ; une petite **Tortue** en pâte ; trois **Passants** de collier, dont un de lapis-lazuli, percés de trous et destinés à maintenir l'écartement des fils d'un bracelet ou d'un collier composé de tous les objets qui viennent d'être indiqués.

[Inv. Nap. 3408 (775 à 824). Cat. Longpérier, n° 515.]
(Trouvés à Khorsabad ; fouilles de 1852.)

130. — Onze petits objets de pâte et de coquille ; un petit **Bœuf couché**, deux **Scarabées**, imités de ceux d'Égypte (l'un d'eux porte une croix ansée sur la face plane ; l'autre à monture d'argent porte des caractères curvilignes gravés en creux) ; des fleurons et des rondelles.

[Inv. Nap. 3409 (822 à 834). Cat. Longpérier, n° 516.]
(Khorsabad, 1852.)

131. — **Coquillages** parmi lesquels on distingue des buccins, des conovales, des cérithes et trois cauris.

[Inv. Nap. 3423 (907). Cat. Longpérier, n° 530.]
(Même provenance.)

II. OBJETS EN MÉTAL.

Inscriptions sur métaux.

132. — **Tablette** commémorative de la fondation du palais de Khorsabad, trouvée avec quatre autres de métaux différents. Elle porte sur les deux faces quarante lignes d'inscription cunéiforme.

Or.

Haut. 0.08. Larg. 0.04.
Inv. Nap. 2897. Voir notre pl. 28.

133. — Autre **Tablette** relative à la fondation de Khorsabad. Elle porte sur ses deux faces cinquante et une lignes de caractères cunéiformes.

Argent.

Haut. 0.115. Larg. 0.06.
Inv. Nap. 2898.

134. — Autre **Tablette** relative à la fondation de Khorsabad, portant sur les deux faces vingt-cinq lignes de caractères cunéiformes.

Carbonate de magnésie.

Haut. 0.10. Larg. 0.06.
Inv. Nap. 2899.

135. — Autre **Tablette** trouvée avec les trois autres. Elle porte sur ses deux faces soixante lignes de caractères cunéiformes.

Bronze.

Haut. 0.19. Larg. 0.12.
Inv. Nap. 2900.

[Ces quatre tablettes à inscriptions sur métaux différents, or, argent, bronze, carbonate de magnésie (d'après l'analyse de Berthelot dans les *Comptes rendus de l'Acad.*, 1887, p. 472), sont un précieux témoignage de l'habitude assyrienne d'enfouir des textes commémoratifs et religieux dans les fondations mêmes des palais que le roi faisait élever. Oppert dit dans l'ouvrage de Place, *Ninive et l'Assyrie*, II, p. 303, que pendant l'été de 1854, on trouva dans les fondations de Khorsabad une caisse en pierre qui contenait sept tablettes à inscriptions en matières différentes : or, argent, antimoine, cuivre, plomb, albâtre, marbre. De ces sept tablettes, Place n'aurait rapporté que les quatre premières; les autres auraient pris place plus tard sur les radeaux qui firent naufrage avant d'arriver à Bessorah (voir ci-dessus, p. 19). Mais ce renseignement n'est pas exact, car Place n'a mentionné que la découverte de cinq tablettes dans *Ninive et l'Assyrie*, I, p. 62-63, et Oppert avait lui-même confirmé le fait (*Expédition en Mésopotamie*, II, p. 343) en disant que la tablette de plomb seule disparut dans le naufrage. Les faits ont été rétablis par F. Thureau-Dangin dans l'*Orientalische Literaturzeitung* (janvier 1904, p. 1). D'autres ont répété l'assertion inexacte d'Oppert (H. Winckler, *Die Keilinschrifttexte Sargons*, I, p. xi). Nous ne possédons en somme que quatre tablettes. Avec quelques variantes, chaque inscription mentionne les mêmes faits et reproduit à peu près le texte des taureaux ailés (ci-dessus, p. 64). Elle énumère les titres du roi Sargon, la construction de la ville de Dour-Souryakin, du palais, des temples qui y sont consacrés aux principales divinités, les matériaux employés pour ces constructions et leur décoration ; le roi spécifie qu'il a écrit la gloire de son nom sur des tablettes en sept matières différentes et qu'il les a déposées dans les fondations ; des imprécations sont prononcées contre celui qui détruirait ces œuvres de sa main. — E. P.]

Objets en or et en argent.

136. — **Feuille d'or** mince ; la partie supérieure qui est déchirée conserve encore deux rangs d'écailles repoussées en creux. A la partie supérieure, qui est coupée droit, on voit une rangée de caractères cunéiformes très espacés. [L'inscription donne le nom du dieu Mardouk.]

Haut. 0,135. Larg. 0.33.
[Inv. Nap. 3147. Cat. Longpérier, n° 258. Pour la destination de cet objet, voy. le n° 152 et Place, I, p. 121 ; cf. Perrot-Chipiez, II, p. 214.]
(Trouvé à Khorsabad.)

137. — Petits fragments de **Bijoux d'or** ; grains de **cristal** au centre duquel est fixée une petite virole d'or.

[Inv. Nap. 3406 (751 à 788). Cat. Longpérier, n° 513.]
(Fouilles de Khorsabad, 1852.)

138. — Seize petits **Bijoux d'or**, en feuilles repoussées ; anneaux, petites olives et grains cannelés ; un anneau de cuivre doré.

[Inv. Nap. 3407 (759 à 774). Cat. Longpérier, n° 514.]
(Même provenance.)

139. — Un **Anneau d'or** dont les extrémités ne sont pas réunies.

Diam. 0.05.
[Inv. Nap. 3416 (877). Cat. Longpérier, n° 523.]
(Trouvé à Tell-Guirgor en 1852 ; cf. les n°ˢ 124 et suiv.)

140. —Trois petites **Boucles d'oreilles** en feuilles d'or, travaillées au repoussé. Un petit fragment de **Bijou d'or**.

[Inv. Nap. 3417 (878 à 881). Cat. Longpérier, n° 524.]
(Même provenance.)

141. — Un **Barillet** de jaspe rose et noir , cerclé d'or à ses deux extrémités ; un autre d'agate blanche dont une extrémité est enveloppée d'une petite feuille d'or ; quatre **Perles** fines, une perle d'or avec bélière ; une perle de pâte bleue avec monture d'or. Une **Fleur** à huit pétales de lapis-lazuli avec un cœur d'or, deux très petites montures d'or qui ont perdu leur pierre. Un petit fragment de pâte d'**Émail blanc**, décoré d'une bande verte, chargé d'une rosace blanche.

[Inv. Nap. 3418 (882). Cat. Longpérier, n° 525.]
(Trouvé à Khorsabad ; fouilles de 1852).

142. — **Épingle à cheveux** d'argent, à tête sphérique cannelée ; vers le centre, elle est percée d'un trou qui paraît avoir été destiné à recevoir une clavette. Voir le n° 169 en bronze.

Long. 0.128.
[Inv. Nap. 3149. Cat. Longpérier, n° 260. Publié par Place, III, pl. 74, n° 15.]
(Fouilles de 1852.)

Statuettes de bronze.

143. — **Lion couché,** sur le dos duquel s'élève un grand anneau ; il a été trouvé scellé dans le sol, près d'une porte du palais de Khorsabad.

Haut. 0.29. Larg. 0.41.

[Inv. Nap. 3084. LP. 3622. Cat. Longpérier, n° 211. Voir notre pl. 29.]

Cette admirable figure, un des plus beaux ouvrages que l'antiquité nous ait légués, paraît n'avoir eu d'autre destination que de servir de base et de décoration à l'anneau qu'il supporte, anneau auquel on attachait probablement l'extrémité d'une corde à l'aide de laquelle on hissait un voile au-dessus de la porte. Ce lion n'était pas mobile ; à la partie inférieure existe un goujon de scellement. Il ne doit donc pas être confondu avec d'autres lions de bronze trouvés à Nimroud et sur lesquels on voit des inscriptions en caractères cunéiformes et en caractères phéniciens. On pense que ces monuments ont servi comme poids. Quant au lion de Khorsabad, il appartenait bien certainement au système général des portes ; car à chacune d'elles on a retrouvé les pierres de scellement où des figures pareilles avaient été fixées. — A. L.

[J'ai reproduit le commentaire de Longpérier qui a encore sa valeur. Le lion de Khorsabad doit, en effet, avoir eu, d'après les circonstances de la découverte, une autre destination que celle d'un poids. Botta imaginait, parce qu'il y avait un autre anneau de bronze scellé au-dessus du lion dans le mur (voir notre n° 178), qu'une chaîne réunissait les deux anneaux et qu'on avait ainsi l'impression de lions de bronze enchaînés devant les murailles, comme des gardiens; cf. Botta, V, p. 45, 79, 168, et pour la reproduction, II, pl. 151. Il a été ensuite publié souvent : Perrot-Chipiez, II, p. 567, pl. XI ; Maspero, *Hist.*

anc., III, p. 266 ; Springer-Michaelis, *Handbuch*, p. 58, fig.
125 ; G. Geffroy, *Le Palais du Louvre*, p. 48 ; P. Vitry,
Le musée du Louvre, pl. XXI. — Pour les lions ayant
servi de poids, voy. Layard, *Mon. of Nineveh*, I, pl. 96,
n° 1 ; *Guide to the babyl. and assyr. antiquities British Museum*, 2e édit., 1908, p. 108, n°s 303-318 ; Lampre,
dans *Mém. de la Délégation en Perse*, VIII, p. 174. M. Soutzo
(*ibid.*, XII, p. 26] et M. Perrot (*l. c.*, p. 630) voient
un poids dans le lion du Louvre (il pèse 60 kilos 303 gr.,
d'après l'évaluation faite au Louvre par M. Tresca, professeur
au Conservatoire des Arts et Métiers). Il me paraît cependant
difficile, dans les conditions où il a été trouvé, de l'assimiler
à ceux du Musée Britannique ; on pouvait faire servir ces monuments à différents usages. — E. P.]

144. — **Dieu debout sur un animal chimérique** (taureau à
tête de lion cornu). Manque toute la partie supérieure du
personnage dont il ne subsiste que les deux pieds et le bas de
la tunique à franges, décorée de traits incisés (rosaces inscrites
dans de petits carrés). L'animal est accroupi, les pattes symétriquement repliées sous lui (décor du pelage en traits incisés) ; sa gueule est ouverte et montre les dents ; deux cornes
recourbées s'aplatissent sur le sommet de sa tête (une est cas-
sée) ; les yeux évidés devaient contenir des prunelles d'une
autre matière. Une ouverture carrée est pratiquée sous le fond
de la pièce. — M. Heuzey a consacré une étude à ce type de
divinité montée sur un animal fantastique et cite les monuments chaldéens, assyriens ou hittites, qui le reproduisent. A
l'époque assyrienne, c'est sous les Sargonides qu'il commença à
être en faveur. L'animal, dominé et vaincu par le dieu anthro-
pomorphique, symbolise le principe malfaisant, comme dans
nos cathédrales romanes et gothiques les prophètes et les saints
ont parfois pour piédestal un monstre à forme animale. Le

lion cornu est un produit assez tardif; celui-ci est un lion-taureau dont les exemples sont rares; un autre spécimen est formé par un pied de meuble de la collection du marquis de Vogüé (Heuzey, *Origines orientales de l'Art*, p. 231, fig. 23), sans doute œuvre du même atelier, datant probablement aussi de l'époque des Sargonides. — E. P.

Haut. 0.15. Larg. 0.14.

Inv. AO. 1500. Provenance indiquée : Erzeroum d'Arménie. Acquis en 1885. Publié par L. Heuzey, *Origines orientales de l'Art*, p. 234 et suiv., pl. IX. Voir notre pl. 30.

145. — **Dieu barbu**, coiffé de la tiare à deux cornes, surmontée d'un anneau pour le prendre ou le suspendre, vêtu d'une tunique courte à semis de petits points incisés et d'un manteau qui s'ouvre sur la jambe droite; la main gauche est avancée comme pour tenir un accessoire, la droite abaissée. Il est debout sur une tige à trois pans, surmontée d'une sorte de chapiteau à godrons saillants qui forme le piédestal de la figurine. Il a pu faire partie de quelque ustensile ou meuble. — E. P.

Haut. 0.17.

Inv. AO. 6517. Le vendeur a déclaré que cette statuette provenait des fouilles de Botta et était restée depuis cette époque dans une famille de la région de Mossoul. Le style est assyrien et cette provenance n'est pas invraisemblable. Mais il convient naturellement de ne l'accueillir qu'avec réserve. Voir notre pl. 30.

146. — **Le démon Pazouzou**, connu aussi sous le nom du dieu du vent du sud-ouest, dont le souffle, passant sur des marais malsains, répandait la fièvre dans le pays. D'origine chaldéenne, ce dieu fut adopté par le culte et l'art assyriens. Debout sur une base oblongue, nu, maigre et décharné, le pied gauche porté en avant, levant la main droite armée de griffes dans un geste de menace, la main gauche abaissée, le démon est muni de quatre ailes, à la mode assyrienne, deux abaissées, deux autres levées ; sa tête ressemble à celle d'un tigre, la bouche ouverte, découvrant les dents, les yeux saillants, le front orné de deux cornes de chèvre qui s'aplatissent sur le sommet de la tête ; ses jambes se terminent en serres d'oiseau de proie ; sa queue recourbée et terminée en dard de scorpion forme une sorte d'anneau de préhension par derrière. Sur la tête est fixé un anneau qui permettait de suspendre la statuette comme une amulette protectrice. Une inscription de dix lignes occupe une grande partie du revers. Elle donne une forme d'incantation qui se rapproche de celles qui ont été publiées d'après des monuments similaires (cf. C. Frank, *Revue d'Assyriologie*, VII, p. 25). Voir plus haut les nᵒˢ 102 et suiv. — E. P.

Haut. 0.145. Larg. 0.085.

Inv. MNB. nᵒ 467. Acquis en décembre 1872. Ce bronze avait fait partie de la collection Démétrio, à Alexandrie. Pas de provenance connue. F. Lenormant l'a décrit le premier dans *la Magie chez les Chaldéens*, 1874, p. 48, et il a publié l'inscription dans *Choix de textes*, 1873, p. 249, nᵒ 95. Cf. en outre Perrot-Chipiez, *Hist. de l'Art*, II, p. 496, fig. 222 ; Maspero, *Hist. anc.*, I, p. 633 ; *Au temps de Ramsès et d'Assourbanipal*, p. 247, fig. 130 ; Hunger et Lamer, *Altorientol. Kultur*, fig. 103 ; G. Geoffroy, *Le Palais du Louvre*, p. 41. Voir notre pl. 31. Il est à rapprocher des plaques de bronze, avec représentations des Enfers, dont nous avons parlé plus haut, p. 112-113.

147. — **Même sujet.** Il est agenouillé, le genou gauche à terre, l'autre jambe fléchie ; même type que le précédent et même geste. Sur sa tête se dresse un grand appendice plat, sorte de panache, arrondi en haut, rappelant les coiffures des dieux égyptiens et du dieu Bès. Il est posé sur une petite base en plaquette carrée. Pas d'inscription au revers. Le style est très sommaire. — E. P.

Haut. 0.075. Larg. 0.06.

Inv. A.O. 6692. Le vendeur a indiqué comme provenance Warka (Babylonie).

148. — Statuette dédiée au nom du roi Assour-dan. Elle est brisée en deux morceaux et n'a pas de tête ni de bras. Le personnage est vêtu d'une tunique qui colle au corps, serrée à la taille par une ceinture ; un double lien croisé dans le dos, comme deux bretelles remontant sur les épaules, est destiné à resserrer les parties flottantes du costume et à retenir le manteau rejeté en arrière dont la bordure contourne le cou par devant (voir ci-dessus, p. 40). Un poignard est passé dans la ceinture, à moins que ce ne soit l'extrémité d'une des bretelles venant s'ajuster à la ceinture (?). M. Heuzey a donné des exemples de ce costume qui a un caractère rituel ; dans une cérémonie religieuse un pan de draperie, en se dérangeant, aurait pu causer un accident de mauvais augure. Une inscription de douze lignes passe à travers le corps du personnage, comme dans les bas-reliefs du temps d'Assour-nazirbal ; c'est une dédicace à Istar qui habite dans Arbèles, pour consacrer cette statuette de bronze du poids d'une mine, de la part du scribe d'Arbèles, Samsi-bel ; il la dédie pour la vie d'Assourdan, roi d'Assyrie, et en même temps pour sa vie, à lui, sa conservation et celle de son fils aîné. Le monument, recueilli en Arménie, aux environs du lac d'Ourmia, avait donc été placé dans le temple d Arbèles. On connaît dans l'histoire trois rois de ce nom, le premier au xiie, le second au x^o, le troisième au viiie. On serait porté à songer à l'un des premiers, en particulier à Assour-dan II (vers 985), qui précède de peu le règne d'Assour-nazirbal. La technique du bronze, fondu en deux pièces, révèle une assez haute antiquité. Les trous de forme carrée, pratiqués sur la face, n'ont pas reçu d'explication précise. — E. P.

Haut. 0,30.

9

Inv. AO. 2489. Trouvé aux environs du lac d'Ourmia et donné par Mgr. Paul Cheminé, évêque de Senneh (Kurdistan persan), en 1893. Publié par L. Heuzey, *Origines orientales de l'Art*, p. 265, pl. VIII. Voir notre pl. 30. Pour l'inscription, voir *ibid.*, p. 266 ; Thureau-Dangin, *Revue d'Assyriologie*, VI, 1907, p. 133 ; Winckler, *Zeitschrift für Assyriologie*, VI, p. 183.

149. — **Femme nue,** [les yeux évidés], la tête ornée de tresses et ceinte d'un bandeau ; les jambes serrées l'une contre l'autre ; de la main gauche, elle presse contre sa poitrine un vase à long col semblable à celui des statues du roi Sargon. [Un court tenon, sous les pieds, provient du jet de fonte à la fabrication.] — A. L.

Haut. 0.175. (Fouilles de V. Place en 1852.)

[Inv. Nap. 3088. Étiquette n° 8258. Cat. Longpérier, n° 215.]

[C'est sans doute une figure de divinité tenant le vase sacré, symbole de l'eau jaillissante et élément de vie, dont le sens religieux a été exposé par M. Heuzey, *Origines orientales*, p. 149 et suiv. Bien que les figures nues soient très rares dans l'art oriental, on sait que la nudité caractérise précisément une déesse, fréquemment représentée sur les cylindres, dont la nature et le nom ne sont pas encore suffisamment précisés ; voy. G. Contenau, *La déesse nue babylonienne* (1914). Mais elle n'est pas ordinairement représentée avec le vase ; elle pourrait personnifier ici l'élément humide. — E. P.]

[La statuette est reproduite par Place, III, pl. 73, et provient de Djigan, d'après la table des planches, p. VIII ; sur Djigan, cf. *ibid.* II, p. 150, et notre n° 222. Voir notre pl. 31.]

Reliefs de bronze.

150. — Grands fragments d'une **Frise d'animaux,** composée de lames de bronze, travaillées au repoussé et représentant, entre deux bordures ornées d'astères régulièrement espacées, des lions, des taureaux, une antilope au-dessus de laquelle est un grand astre, alternant avec des personnages en costume sacerdotal. — A. L.

Haut. entre 0.10 et 0.20.

[Inv. Nap. 3099. Cat. Longpérier, n° 221. Fouilles de Victor Place en 1852.]

[On imagine ces plaques de bronze appliquées sur du bois, pour décorer des vantaux de porte ou en frise sur un mur. Comparez les frises du même genre, beaucoup plus complètes, connues sous le nom de Portes de Balawat (voir le n° 151) ; Perrot-Chipiez, II, p. 253, p. 620 et suiv., pl. XII et fig. 307. Pour les fragments du Louvre, voir Longpérier, Œuvres, I, p. 180 ; V. Place, t. III, pl. 72. D'après les renseignements recueillis, ces plaques étaient attachées à un mur par des clous. — E. P.]

151. — Fragments d'une **Frise de personnages**, ayant fait partie des « Portes de Balawat ». File de trois personnages et un enfant. — Homme amenant un cheval et un adorant près d'une table d'offrande entre deux montants dressés. — Restes d'un char. — Deux cavaliers tirant de l'arc. — Les bordures sont percées de trous qui, entourés d'un travail en godrons, formaient une rosace ayant pour centre la tête du clou de bronze inséré dans ces trous.

Haut. entre 0.09 et 0.12.

Inv. AO. 1934. Ces précieux débris ont été acquis, vers 1890, d'un consul étranger, demeurant à Mossoul. Ils proviennent de la même trouvaille qui a formé au Musée Britannique l'ensemble du grand revêtement de bronze connu sous le nom de « Portes de Balawat » (Pinches, *The bronze ornements of the gates of Balawat; A guide to the Babyl. and Assyr. antiq. Brit. Mus.*, 1908, p. 35 et pl. 17 ; Perrot-Chipiez, II, p. 203, fig. 68 ; p. 253 ; p. 341, fig.

154 ; p. 345, fig. 158 ; p. 620-627, pl. XII, fig. 307 ; Maspero, *Hist. anc.*, III, p. 7 à 9, 37, 61 à 65, 95), et dont une partie est dans la collection de Clercq (De Clercq, *Catalogue*, II, p. 183 à 211, pl. 28 à 33), d'autres fragments dans la collection de M. Schlumberger (Lenormant, *Gazette archéologique*, 1878, p. 119, pl. 22-33). Cette frise retrace les campagnes du roi assyrien Salmanasar II, fils d'Assour-nazirbal (860-825 av. J.-C.), le même dont l'obélisque est représenté ici par un moulage (notre n° 83). Ce sont des documents fort instructifs pour juger la sculpture assyrienne du ıxᵉ siècle (cf. plus haut, p. 39). Il n'est pas certain que ces plaques aient été fixées sur des portes en bois, comme on les représente généralement (Maspero, *l. c.*, p. 95). D'autres pensent qu'elles pouvaient être disposées en frises, dans une salle intérieure, sur des lambris de cèdre (De Clercq, *l. c.*, p. 185); voir notre n° 150. — E. P.

[Le Catalogue Longpérier n° 220 contient la description d'une plaque de bronze, travaillée au repoussé, portant des traces de dorure, où l'on voit en deux registres des combats d'animaux. Je ne l'ai pas insérée ici, car je ne vois pas de raisons d'y reconnaître un travail assyrien. Elle provient de la collection Salt, formée en Egypte; le style en serait plutôt phénicien ou ionien archaïque. Elle a été publiée par A. de Longpérier, *Musée Napoléon III, Choix de Monuments*, pl. XXXI, n° 4, avec d'autres bronzes phéniciens; et par Perrot-Chipiez, III, p. 813, fig. 561, qui y voit un pectoral. — E. P.]

152. — Deux grands fragments de **Feuilles de bronze** ornées d'écailles travaillées au repoussé et imitant l'écorce de palmier. — A. L.

Haut. 0,35 et 0.40.
[Inv. Nap. 3100. Cat. Longpérier, n° 222. Fouilles de V. Place en 1852. Sur les circonstances de la découverte, voir Place, I, p. 120, et la reproduction III, pl. 73. Cf. Perrot-Chipiez, II, p. 213-214, fig. 72.]

[Ces feuilles étaient appliquées sur une pièce de bois de cèdre cylindrique, au moyen de clous qui traversaient le métal. C'était donc une colonne, imitant un tronc de palmier, qui faisait partie de la construction du palais. Cette partie de bronze pouvait elle-même être recouverte d'une mince feuille d'or, pour former un tronc de palmier doré ; voir plus haut le n° 136. — E. P.]

Meubles et parties de meubles en bronze.

153. — Trépied composé de trois tiges légèrement inclinées, reliées à la partie supérieure par un cercle décoré de traits gravés et de quatre masques en relief, réunies vers la partie inférieure par trois barres droites à la hauteur desquelles des masques sont figurés sur les tiges qui se terminent par des sabots de bœuf. Des cordelettes s'enroulent autour des malléoles, se croisent sur le devant du pied et se nouent un peu au-dessus. — A. L.

Haut. 0.33. Diam. du cercle sup. 0.06. Larg. à la base, 0.105.
[Inv. KL, n° 41. Rapporté de Bagdad par Pacifique Delaporte, consul de France, et acquis en 1866. Publié par A. de Longpérier (auquel nous avons emprunté la description), *Musée Napoléon III, Choix de monuments*, pl. 4, n° 3 ; Perrot-Chipiez, II, p. 732, fig. 393. Voir notre pl. 31.]

154. — Tête de taureau ou de génisse, trouvée à Khorsabad ; elle est creuse et a servi à décorer le devant d'un siège, ainsi que le prouvent de nombreux bas-reliefs de Khorsabad. — A. L.

Haut. 0.06. Larg. 0.85.
[Inv. Nap. 3086. LP. 3623. Cat. Longpérier, n° 213. Etiquette N. 8256.]

[Longpérier renvoie, pour la comparaison avec les meubles ainsi ornés, aux planches de Botta, I, pl. 58, 62, 63, 112, 113.

Cette tête est reproduite t. II, pl. 164 ; cf. V (texte), p. 168, où il est dit que d'autres fragments de ce type ont été trouvés dans les fouilles, ce qui prouve qu'il s'agit d'une décoration d'un emploi fréquent. — E. P.]

155. — Deux **Têtes d'antilope**, travaillées au repoussé ; les cornes et les oreilles sont couchées sur le cou. [Elles sont fragmentées, l'une fort endommagée.]

Long. 0.125 et 0.14.

[Inv. Nap. 3094 et 3095 ; Cat. Longpérier, nos 216 et 217. Etiquette N 8259. Fouilles de V. Place en 1852. Publiées par Place, III, pl. 73, nos 8 et 9.]

156. — **Fragment de meuble** ou d'ustensile, composé d'un tore saillant entre quatre annelets à triple rainure ; en haut, quatre petites saillies en forme de têtes de lions grossièrement modelées. Des caractères cunéiformes sont incisés sur la bande supérieure et sur la bande inférieure (en haut : .., le palais de ... ; en bas, nom d'homme peu reconnaissable). On pourrait penser à un pied de meuble, mais d'après le tracé des inscriptions, les têtes de lions sont placées en haut et non pas en bas ; ce serait peut-être un morceau de sceptre ou d'étendard, ou une sorte de douille renfermant un morceau de bois assujetti à l'intérieur ? — E. P.

Haut. 0.08. Diam. inf. 0.035.

Inv. Nap. 3102 (où il est décrit comme masse d'armes et placé avec les objets trouvés à Khorsabad). Publié par V. Place, III, pl. 74, n° 11 ; cf. aussi Perrot-Chipiez, II, p. 726, fig. 385 (qui l'interprète comme pied de meuble).

157. — **Fragment de meuble** ou d'ustensile. Analogue au précédent ; il n'y a que la partie plate comprise entre deux annelets à triple rainure. Sur la bande centrale inscription phénicienne incisée, donnant le nom du possesseur ou du dédicant Assour-sar-ousour. — E. P.

Haut. 0.03. Diam. 0.038.

Pas de numéro d'inventaire. Etiquette A. R. 1. Trouvé à Khorsabad. Publié par Place, III, pl. 74, n° 13, et dans le *Corpus Inscript. Semiticarum*, I, 2, p. 54, n° 50, pl. VIII.

158. — **Bande de cuivre** courbée en fer à cheval et contenant entre ses branches une roulette de poulie (haut. 0.11). Cinq autres objets semblables, plus ou moins fragmentés.

[Inv. Nap. 3138. Cat. Longpérier, n° 249. Voir Place, III, pl. 74, n°° 8, 9, 10. Khorsabad.]

Armes en bronze et ustensiles de la vie militaire.

159. — **Portion de cercle**, plat et large de 0.046 millimètres ; plusieurs traces d'attaches à l'intérieur pourraient faire prendre cet objet pour une demi-roue de char ; son peu d'épaisseur exclut cette supposition. Ce fragment appartient vraisemblablement à une de ces enseignes militaires qui paraissent dans les bas-reliefs de Khorsabad et de Nemrod. — A. L.

Diam. 0.29.
[Inv. Nap. 3103 LP. 3624. Cat. Longpérier, n° 224.]

[Botta, V, p. 172, y voyait un fragment de roue. Comme partie d'étendard assyrien, cf. Maspero, *Au temps de Ramsès et d'Assourbanipal*, p. 360, fig. 161 ; Saglio, *Dict. des Antiquités grecques et romaines*, IV, p. 1308, fig. 6406. Mais l'explication reste douteuse. — E. P.]

160. — Deux **Pointes de lance** et quatre **Pointes de javelot** en bronze plus ou moins fragmentées.

Long. 0.085 à 0.19.

[Non cataloguées par Longpérier, mais placées avec les objets de Khorsabad. Pour des objets similaires, voir Botta, II, pl. 154, n° 1, et le texte V, p. 172.]

161. — Une **Pointe de lance**.

Long. 0.125.
[Inv. Nap. 3143. Cat. Longpérier, n° 254. Fouilles de V. Place à Tell-Guirgor en 1852.]

[Le tumulus appelé Tell-Guirgor, à 20 kilomètres environ à l'ouest de Khorsabad (Place, III, pl. 1), a été exploré sommairement par V. Place et a fourni quelques petites trouvailles (cf. nos n°s 124, 125, 128, 167, 168, 170). Voir Place, II, p. 151.]

162. — Quatre **Pointes de flèches**.

Long. 0.05 à 0.06.
[Inv. Nap. 3144 LP. 3635. Cat. Longpérier, n° 235. Trouvées à Khorsabad.]

163. — **Pointe de flèche** de forme triangulaire.

Long. 0.055.
Placée avec les objets de Khorsabad ; pas de numéro d'inventaire.

164. — **Croissants** avec tige qui paraissent avoir servi à armer l'extrémité des flèches (?).

Haut. 0.035.
Fouilles de Khorsabad.
[Inv. Nap. 3145. LP. 3636 et 3637. Cat. Longpérier, n°s 236 et 237. Étiquettes N 8276 et 8277. Publiés par Botta, II, pl. 154 ; cf. le texte V, p. 172. Il y aurait sans doute une autre explication à trouver pour la destination de ces petits croissants. — E.P.]

165. — Grand **Mors de cheval**, composé de deux branches courbes, percées de deux trous et munies de quatre anneaux, dont deux sont soudés aux branches et deux mobiles. D'un côté les branches se terminent en pomme de cèdre, de l'autre en sabot de cheval. L'appareil est très gros et très lourd pour la bouche d'un cheval ; sur les dispositifs employés dans l'antiquité, voir l'article *Frenum* du *Dict. des antiquités* de Saglio, II, p. 1337. — E.P.

Haut. 0.235. Larg. 0.325.
Inv. AO. 2672. Pas de provenance indiquée (région de Mésopotamie?). Acquis en 1896.

Objets de toilette en bronze et petits ustensiles de la vie civile.

166. — Grand **Bracelet**. Il n'est pas entièrement fermé et les deux extrémités qui se rapprochent sont ornées de têtes de lions. A. L.

Haut. 0.11. Diam. 0.13.
[Inv. Nap. 3085. Cat. Longpérier, n° 212. Étiquette n° 8255. Il ne vient pas des fouilles de Khorsabad. Le Musée l'avait acquis de la Collection Salt, formée en Égypte. Mais A. de Longpérier, après les fouilles de Khorsabad, reconnut qu'il était de style assyrien, en le rapprochant du bracelet qui ceint les poignets de la figure colossale n° 16. — Publié par Perrot-Chipiez, *Hist. de l'Art*, II, p. 763, fig. 430. Voir notre pl. 27. — E. P.]

167. — Trois **Anneaux** et plusieurs fragments de même genre. Ces anneaux ne sont pas complètement fermés.

Diam. 0.04 à 0.05.
[Inv. Nap. 3145. Cat. Longpérier, n° 256. Fouilles de Tell Guirgor, 1852. Cf. notre n° 161.]

168. — Trois petits **Anneaux** en torsade ; les extrémités sont croisées et non soudées.]

Diam. 0.02.

[Inv. Nap. 3146. Cat. Longpérier, n° 257. Fouilles de Tell-Guirgor, 1852].

169. — **Épingle à cheveux**, tout à fait semblable pour la forme au n° 142 (épingle d'argent), mais de plus grande dimension.

Long. 0.18.

[Inv. Nap. 3150. Cat. Longpérier, n° 261. Publié par Place, III, pl. 74, n° 14. Khorsabad, fouilles de 1852.]

170. — Une **Aiguille** dont les deux extrémités sont recourbées en crochet, en sens opposé.

Long. 0.075.

[Inv. Nap. 3144. Cat. Longpérier, n° 255. Publié par Place, III, pl. 74, n° 24. Fouilles de Tell-Guirgor, 1852.]

171. — **Aiguille** fine, avec chas.

Long. 0.065.

Non cataloguée par A. de Longpérier, mais placée avec les objets de Khorsabad.

172. — **Amulette** de forme quadrilatérale oblongue, avec bélière et figures gravées sur les deux faces. — Divinité [la déesse Istar] assise sur un trône porté par un griffon ailé. Elle est coiffée d'une tiare et tient un cercle (collier ou couronne). Au dossier de son siège sont fixées six étoiles. Dans la partie supérieure du champ un astre et un grand croissant. En face de la déesse un adorateur debout fait un geste d'invocation ; il est barbu et vêtu d'une longue tunique ornée de franges. — Au revers, deux griffons ailés à pieds d'oiseau, dressés l'un en face de l'autre, dans l'attitude du combat. Au-dessus, représentation sommaire des sept planètes. — A. L.

Haut. 0,042. Larg. 0.029.

[Pas de numéro d'inventaire. Acquis en Syrie par M. de Saulcy et donné par lui en mars 1860. Publié par A. de Longpérier (dont nous avons reproduit la description), *Musée Napoléon III, Choix de monum.*, notice de la pl. 1, n°⁸ 4 et 4ᴴ. On avait apporté à M. Péretié, chancelier du consulat de France à Beyrouth, une empreinte d'argile de cette amulette, qu'on crut être un moule antique et qui fut donné à M. Guillaume Rey, puis remis par lui au Louvre en 1877 (Invent. MNB. 1100); elle est placée à côté du bronze; on la disait trouvée à Hillah, près de Babylone. Voir notre pl. 28. — E. P.]

173. — Une **clochette** [sans le battant], avec anneau à sa partie supérieure.

Haut. 0.05.
[Inv. Nap. 3119. Cat. Longpérier, n° 240. Khorsabad. Publié par Place, III, pl. 74, n° 26.]

174. — Deux **Hameçons.**
Long. 0.04 et 0.03.
Non catalogués par Longpérier, mais placés avec les objets de Khorsabad.

Objets de bronze provenant des constructions.

175. — Un grand **Sabot de gond** de porte.

Haut. 0.09. Larg. 0.14.
[Inv. Nap. 3132. Cat. Longpérier, n° 243. Publié par Place, III, pl. 70, n° 6; cf. Perrot-Chipiez, *Hist. de l'Art*, II, p. 254, fig. 97 (exemplaire analogue de Balawat).]

176. — Cinq grands **Anneaux** avec tiges de scellement.

Diam. de 0.10 à 0.11.
[Inv. Nap. 3120, 3121, 3122, 3123, 3124. Cat. Longpérier, 241. Khorsabad. Plusieurs sont reproduits par Place, III, pl. 74, n°⁸ 5, 6, 7.]

177. — Sept **Anneaux** de plus petites dimensions.

Diam. de 0.03 à 0.06.

[Inv. Nap. 3125, 3126, 3127, 3128, 3129, 3130, 3131. Cat. Longpérier, n° 242. Même provenance ; voir Place, même planche.]

178. — **Anneau** [formant **piton**], monté sur une tige quadrangulaire entourée de bourrelets, destinée à être fixée dans un scellement. Trouvé à Khorsabad.

Long. 0.025.

[Inv. Nap. 3104. LP. 3625. Cat. Longpérier, n° 225. Étiquette N 8265. Il était fixé dans la muraille d'une des portes, au-dessus du lion de bronze [décrit sous le n° 143. Publié par Place, III, pl. 74, n° 1. Cf. Botta, II, pl. 162.]

179. — **Analogue.** Rondelle montée sur une tige semblable. Trouvé à Khorsabad.

Long. 0.085.

[Inv. Nap. 3105. LP. 3626. Cat. Longpérier, n° 226. Publié par Place, III, pl. 74, n° 3.]

180. — **Analogue.** Rondelle munie au centre d'un anneau et montée sur une tige de scellement. Trouvé à Khorsabad.

Long. 0.155.

[Inv. Nap. 3134. Cat. Longpérier, n° 247. Publié par Place, III, pl. 74, fig. 4.]

181. — **Analogue.** Autre rondelle dont la tige est brisée.

Long. 0.06.

[Inv. Nap. 3137. Cat. Longpérier, n° 248.]

182. — **Crochet patère**, monté sur une tige de scellement.

Long. 0.11.

[Inv. Nap. 3135. Cat. Longpérier, n° 246. Publié par Place, III, pl. 74, n° 2.]

183. — Deux **Clous** à quatre pans.

Long. moyenne, 0.10.

[Inv. Nap. 3133. Cat. Longpérier, n° 244. Étiquette N 8267. Khorsabad. Publiés par Place, III, pl. 74, n°ˢ 16 et 23 ; cf. Botta, II, pl. 162 et le texte V, p. 171.]

184. — Un **Clou** à tête hémisphérique.

[Inv. Nap. 3142. Cat. Longpérier, n° 253.]

185. — Cinq autres **Clous** à tête hémisphérique et à tige ronde.

Pas de numéros d'inventaire. Cf. le n° 245 du Catalogue Longpérier. Placés avec les objets de Khorsabad ; voir le texte de Botta, V, p. 171.

186. — Treize gros **Boutons**, en forme de disques avec un centre hémisphérique. A l'intérieur, une attache ou queue.

[Inv. Nap. 3139. Cat. Longpérier, n° 250. Trouvés à Khorsabad. Voir le spécimen publié par Place, III, pl. 74, n° 20.]

187. — Cinq **Boutons** analogues, dont les bords sont percés de quatre petits trous destinés à passer des fils de couture.

[Inv. Nap. 3140. Cat. Longpérier, n° 251. Même provenance. Voir Place, III, pl. 74, n°ˢ 3 à 7.]

188. — Un autre **Bouton**, en forme de rouelle évidée au centre, percée également de quatre petits trous.

[Inv. Nap. 3141. Cat. Longpérier, n° 252. Même provenance.]

Objets en fer.

189. — Neuf **Pics** en fer forgé, du genre appelé « boucharde ».

Long. variant de 0.50 à 0.30.

Trouvés à Khorsabad, dans la chambre dite magasin des dépendances. Pas de numéros d'inventaire. Trois sont publiés par Place, III, pl. 71, n°ᵒˢ 5, 6, 7; cf. Perrot-Chipiez, II, p. 721, fig. 382.

E. P.

Objets en plomb.

190. — Deux **Queues d'aronde**, ayant servi à assembler des pierres.

Long. 0.15 et 0.17.

[Inv. Nap. 3148. Cat. Longpérier, n° 259. Trouvées à Khorsabad, dans la chambre dite du Sérail. Publiées par Place, III, pl. 70, n°ˢ 4 et 5. — E. P.]

III. OBJETS EN ARGILE

Faîtage céramique émaillé du palais de Nimroud (Kalakh).

(Époque d'Assour-nazirbal, 885-860 av. J.-C.)

La polychromie en est plus sobre que dans les produits de l'époque postérieure. Sur un fond d'émail blanc se détachent en jaune et noir, et souvent par une technique d'incrustation dans l'argile, des ornements ou des caractères cunéiformes en noir brun lustré. Ces fragments proviennent tous du palais de Nimroud et quelques-uns portent le nom du roi Assour-nazirbal. Ils ont été acquis en 1896 d'un ancien consul étranger, établi à Mossoul. On peut en rapprocher les fragments céramiques publiés par Layard, *Nineveh*, seconde série, pl. 54, n° 10; pl. 55, n° 3. — E. P.

191. — **Antéfixe** décorée d'une palmette en jaune et noir sur fond blanc. Inscription en noir.

Haut. 0.15.

Inv. AO. 2669. Voir notre pl. 32.

192. — Fragments d'**Antéfixes** analogues.

Haut. 0,10 et 0,12.
Inv. AO. 2670, 2671. Voir notre pl. 32.

193. — **Pommeau** de faîtage, fragmenté ; décor en jaune et noir sur fond blanc ; inscription en noir.

Haut. 0,20.
Inv. AO. 2667.

Mettons à part un objet analogue, mais de technique différente, non émaillé :

194. — **Pommeau** analogue, fragmenté, en terre rougeâtre non émaillée, sans décor. Inscription incisée sur le sommet.

Haut. 0,15.
Inv. AO. 2668.

Briques émaillées.

Sur l'emploi des briques émaillées polychromes dans la décoration des palais assyriens, voy. ci-dessus p. 26. On consultera aussi les planches en couleurs de Botta, II, pl. 155, 156 ; Place, III, pl. 14 à 17 ; Perrot-Chipiez, II, pl. 13 à 15, pour juger de la richesse des tons que devaient avoir les originaux neufs. Nous rappellerons qu'au Louvre le plus bel exemple qui existe pour l'usage de cette magnifique ornementation nous est fourni par les antiquités de Suse et les frises du palais de Darius, exposées au premier étage (Salle de la mission Dieulafoy). Les spécimens qui sont ici mentionnés n'ont qu'une valeur documentaire, pour montrer l'extension de cette technique dans toute la région orientale. C'est pourquoi nous y avons joint aussi, bien qu'elles ne fassent pas partie de la série assyrienne, les briques rapportées de la Babylonie et trouvées à Hillah par M. Pacifique Delaporte, consul général de France, acquises en 1865. Elles sont remarquables par l'épaisseur de l'émail et par la vivacité des couleurs.

J'ai réuni sous un petit nombre de numéros l'ensemble de ces fragments de briques revêtues d'émail que Longpérier avait longuement détaillés dans sa *Notice* sous les n°s 48 à 108. Je n'ai d'ailleurs pas retrouvé dans les vitrines tous les spécimens qui sont énumérés dans cette notice ; il est probable que plusieurs avaient été retirés et mis en magasin. Tous ces fragments proviennent des fouilles de Botta et de Place à Khorsabad (voir Botta, II, pl. 155, 156 ; V, p. 171 ; Perrot-Chipiez, II, p. 296 et suiv., p. 703 et suiv., pl. 13 à 15) ; quelques morceaux proviendraient de Maltaï, d'après les renseignements que M. Maurice Pillet a recueillis dans les dossiers de la Mission Place (ci-dessus, p. 19). Ces briques étaient disposées en bandeaux et corniches, courant tout autour des salles, au-dessus des reliefs sculptés, ou comme encadrements de portes (Botta, V, p. 59 ; Perrot-Chipiez, II, p. 296, 297, 305 et suiv. ; cf. ci-dessus, p. 26). D'après Place (I, p. 116, pl. 26), de grands tableaux de faïence polychrome pouvaient aussi être placés en bas des murs, en plinthes hautes (cf. Perrot et Chipiez, II, p. 306). Pour les découvertes analogues à Koujoundjick, voy. Layard, *Monuments of Nineveh*, I, pl. 84 ; II, pl. 53, 54.

Les petits disques de terre émaillée qui ont pris place dans la *Notice* de Longpérier, sous les n°s 109 à 204, ne sont pas des produits assyriens. Ils viennent de la collection Clot-bey, formée en Égypte, et l'on a reconnu qu'ils faisaient partie d'incrustations dans les parois des palais égyptiens. Ils ont été remis au Département des Antiquités égyptiennes.

E. P.

Briques émaillées du palais de Khorsabad.
(Époque de Sargon II, 722-705 av. J.-C.)

195. — **Briques émaillées** à oves jaunes sur fond bleu altéré.
Inv. Nap. 2935 et suiv. ; étiq. 8103 à 8106. Cat. Longpérier, n⁰ˢ 70 et suiv.

196. — **Analogues** à rosaces, avec pétales jaunes ou blancs, sur fond bleu altéré.
Inv. Nap. 2955 et suiv. ; étiq. 8118, et autres sans numéros. Cat. Longpérier, n⁰ˢ 90 et suiv.

197. — **Analogues**, avec décor en damier blanc et jaune, ou blanc et noir.
Inv. Nap. 2973 ; étiq. 8098, 8135. Cat. Longpérier, n⁰ 108.
Brique formant coin ; bande jaune entre deux fonds bleus.
Inv. Nap. 2944 ; étiq. 8099. Cat. Longpérier, n⁰ 69.

198. — **Analogue**, où l'on voit les restes d'un génie ailé, drapé, levant la main droite ; blanc et jaune sur fond bleu pâli.
Long. 0.33 ; Haut. 0.11. Épais. 0.16.
Pas de numéro d'inventaire.

199. — **Analogue**, avec les restes d'une tête, oreille et pendant d'oreille cruciforme ; blanc sur fond bleuâtre.
Inv. Nap. 2913 ; étiq. 8079. Cat. Longpérier, n⁰ 48.

200. — **Analogue**, avec les restes d'un pied blanc et bas de tunique sur fond bleu sombre.
Inv. Nap. 2914 ; étiq. 8080. Cat. Longpérier, n⁰ 49. Voir Botta, II, pl. 155.

10

201. — **Analogue**, avec fragment de grande aile ; blanc et jaune sur fond pâli.

Inv. Nap. 2919 ; étiq. 8084. Cat. Longpérier, n° 54.

202. — **Analogues**, portant quelques caractères cunéiformes en blanc sur fond pâli.

Inv. Nap. 2924 et suiv. ; étiq. 8084. Cat. Longpérier, n°˙ 61 et suiv.

Briques de Hillah (Babylonie).

J'énumère ici comme spécimens de comparaison, bien qu'elles ne soient pas de fabrication assyrienne, les briques de Babylonie données par P. Delaporte.

203. — Décor à fond jaune, ou à bandes de noir et jaune.

Inv. KL., 45, 49.

204. — Décor à rosaces avec pétales blancs.

Inv. KL. 46, 47. Une d'elles est reproduite en couleurs par A. de Longpérier, *Musée Napoléon III, Choix de Monuments,* pl. IV, n° 4.

205. — Décor en raies noires ondulées sur fond jaune, restes de draperie ?

Inv. KL. 50. Reproduit en couleurs, *ibid.,* n° 3.

206. — Décor en mèches de couleur blanche, restes d'aile d'après Longpérier (ou de crinière d'animal ?).

Inv. KL. 44. Reproduit en couleurs, *ibid.,* n° 5.

207. — Décor en tronc de palmier d'après Longpérier (ou en corps de serpent ?), jaune et noir sur fond bleu sombre.

Inv. KL. 51. Reproduit en couleurs, *ibid.,* n° 6.

208. — Décor en caractères cunéiformes, se détachant en blanc sur un fond bleu intense.

Inv. KL. 42, 43, 48. Reproduit en couleurs, *ibid.*, nᵒˢ 1 et 2.

Nous ajoutons ici un fragment provenant d'une vente de collection particulière, sans provenance connue, mais de même technique :

209. — Décor en caractère cunéiforme blanc, se détachant sur un fond bleu.

Inv. AO. 2038. Ancienne collection E. Piot. Acquis en 1890.

Matières pour l'émaillage.

210. — Divers **Morceaux de couleur** bleue, recueillis par Botta dans les fouilles de Khorsabad, et petits fragments de briques recouverts d'un épais enduit de la même couleur.

[Inv. Nap. 3070. LP. 3612. Cat. Longpérier, nᵒ 205.]

[Sur la nature et l'emploi des couleurs recueillies dans les fouilles, les unes se délayant à l'eau et destinées aux coloriages, les autres en matière vitreuse et réservées aux émaillages, voir Place, II, p. 251. Sur les divers éléments qui recevaient des couleurs, larges surfaces des fonds, plinthes, panneaux pour fresques, détails des sculptures, voir *ibid.*, p. 77 et suiv. ; cf. Perrot-Chipiez, *Hist. de l'Art*, II, p. 286 à 292. — E. P.]

211. — Fragments divers de couleur bleue ou verte, de menus objets en pâte bleue. **Pains de couleur** bleue, provenant des fouilles de V. Place en 1852.

[Inv. Nap. 3070 à 3080. J'ai résumé les descriptions plus détaillées de la *Notice* de Longpérier, nᵒˢ 206 à 210. — E. P.]

Figurines d'argile.

Les figurines d'argile des n°ˢ 212 à 215 ont été découvertes à Khorsabad, dans des petits réduits pratiqués sous le pavé même des cours, soit devant les portes, soit sur d'autres points devant les murailles (voir Botta, I, pl. 24 ; II, pl. 165 sur la forme de ces cachettes, et V (texte), p. 41, 168-169). Elles ont donc la valeur d'offrandes prophylactiques qui, lors de la construction du palais, ont été déposées dans ces endroits pour assurer la protection des fondations mêmes par la présence d'images de divinités bienfaisantes et, d'autre part, pour conjurer la venue des démons malfaisants qui pourraient s'insinuer par les fentes du sol : c'est pourquoi plusieurs de ces statuettes représentent ces démons eux-mêmes à tête de lion, que l'on conjure en leur opposant leur propre visage monstrueux. Cf. Maspero, *Hist. anc. des peuples de l'Orient classique*, I, p. 631 et suiv. — E. P.

212. — Figurine de **Dieu barbu**, vêtu d'une longue robe, coiffé d'une tiare ornée de deux paires de cornes de taureau ; entièrement peint en bleu. — A. L.

Haut. 0.22.

[Inv. Nap. 3152. LP. 3602. Etiquette N 8281. Cat. Longpérier, n° 262.]

[C'est l'image d'un grand dieu de caractère bienfaisant. Publié par Heuzey, *Les figurines antiques du Musée du Louvre*, pl. I, n° 2, p. 1 ; Maspero, *op. l.*, I, p. 643 ; A. Jeremias, *Das alte Testament*, p. 376, fig. 123 ; M. Jastrow, *Bildermappe*, pl. 21, n° 69 ; Handcock, *Mesopot. arch.*, p. 320, fig. 86, C. Voir notre pl. 32. — E. P.]

213. — Deux figurines de **Dieu barbu**, la tête nue, les cheveux disposés en gros flocons, le buste de face et les pieds tournés à droite ; ils sont vêtus d'une courte tunique et tiennent des deux mains une grosse hampe ou sceptre. — A. L.

Haut. 0.24 et 0.23.

[Inv. Nap. 3424 et 3425. LP. 3603 et LP. 3604. Etiquettes N 8282, 8283. Cat. Longpérier, nos 263 et 264.]

[Une de ces idoles est publiée par Botta, II, pl. 154 ; Heuzey, *Les figurines antiques du Musée du Louvre*, pl. I, n° 1, p. 1 ; E. Pottier, *Les statuettes de terre cuite dans l'antiquité*, p. 5, fig. 3. Voir notre pl. 32.]

214. — Deux fragments de **Figurines semblables** aux précédentes.

[Inv. Nap. 3426. Cat. Longpérier, 265 et 266. Etiquettes N 8285, 8286. Haut. 0.24 et 0.13.]

215. — Figurine de **Dieu malfaisant**, composé d'un torse humain avec une tête et des pattes de lion.

Haut. 0.20.

[Inv. Nap. 3427. LP. 3605. Cat. Longpérier, n° 268. Etiquette N 8287.]

[C'est l'image d'un démon carnassier et malfaisant, sans doute une variante des représentations du démon Pazouzou, dieu de la maladie et de la fièvre ; voir les nos 102 et suiv., 146, 147, 216, 217. Publié par Botta, II, pl. 152 ; cf. V (texte), p. 169 ; Heuzey, *op. l.*, pl. I, n° 3, p. 1 ; Maspero, *Hist. anc. des peuples de l'Orient*, I, p. 632 ; M. Jastrow, *Bildermappe*, pl. 20, n° 67 ; Hunger et Lamer, *Altorient. Kultur*, fig. 101 ; A. Jeremias, *Das alte Testament*, p. 570, fig. 188. Mentionné par C. Frank dans son étude sur le dieu Pazouzou, *Revue d'Assyriologie*, VII, p. 22, note 1. Voir notre pl. 32. — E. P.]

216. — **Tête du démon Pazouzou**, dieu de la maladie et de la fièvre. On l'appelle aussi le dieu du vent du Sud-Ouest (voir

notre n° 146, statuette de bronze qui représente ce dieu mal-
faisänt sous sa forme la plus complète). C'est une tête de
tigre, la gueule ouverte et grimaçante, surmontée de deux
cornes de chèvres qui s'aplatissent sur le sommet du crâne
et s'enroulent autour des oreilles. Au revers une inscription
de vingt-cinq lignes serrées donne une formule d'incantation
qui a été traduite par M. Carl Frank (*Revue d'Assyriologie*,
VII, 1910, p. 25) ; on y lit le nom du dieu ; il est le méchant
dieu, qui apporte la maladie et la fièvre. On prie les grands
dieux, Ea, Samas, Mardouk, etc., de défendre l'homme contre
lui. — E. P.

Haut. 0.09.

Inv. AO. 2490. Acquise en 1893, (peut-être de la région de Mossoul?). — Publié par C. Frank, *op. l.*, p. 22, pl. 1, n° 1 ; M. Jastrow, *Bildermappe*, pl. 20, n° 65. Voir notre pl. 25.

217. — Autre **Tête** analogue, avec une sorte de barbe en
pointe.

H. 0.07.

[Inv. AO. 4503. Acquis en 1907. Pas de provenance connue
(achetée dans la région de Bagdad).]

218. — Figurine de **Bélier**, grossièrement modelé ; la laine
indiquée par une surface rugueuse et couverte d'aspérités ;
les pattes brisées. — A. L.

Haut. 0.12. Long. 0.20.

[Inv. Nap. 3177. Cat. Longpérier, n° 293. Fouilles de V. Place
en 1852.]

219. — Un fragment de **Quadrupède** (taureau ?)

[Inv. Nap. 3429. LP. sans numéro. Cat. Longpérier, n° 270.
Etiquette N 8289.]

La *Notice* de Longpérier contient ensuite sous les n°s 287
à 291 une série de terres cuites émaillées, de bon style, que

nous n'avons pas insérées ici, car il n'y a pas de raisons de les croire assyriennes. Elles proviennent de la Collection Clot-Bey, formée en Egypte avec des objets de sources diverses. Elles pourraient avoir été fabriquées dans la région syrienne ou anatolienne. Plusieurs de ces figurines ont été publiées dans l'ouvrage de Perrot et Chipiez, II, p. 112, 492, 578, fig. 274, 275. Une d'elles (Cat. Longpérier, n° 269) est interprétée comme une représentation du démon Pazouzou dont nous avons décrit ci-dessus (n°ˢ 215 et suiv.) plusieurs exemplaires ; elle est publiée par L. Heuzey, *Figurines antiques du Louvre*, p. 1, pl. 1, fig. 4 ; Perrot-Chipiez, II, p. 528, fig. 242 (comme tête de lionne) ; C. Frank, dans *Revue d'Assyriologie*, VII, p. 31, pl. 1, n° 5 ; M. Jastrow, *Bildermappe*, pl. 20, n° 65. — E. P.

Empreintes sur argile.

220. — **Empreinte de sceau.** Le roi Sargon, debout, tourné à gauche, coiffé d'une tiare, enfonce son épée dans le corps d'un lion dressé devant lui et qu'il a saisi par le sommet de la crinière ; sur la tranche on voit une inscription gravée en creux. [Elle donne le nom de la ville de Nasibna (Nisib).]

A. L.

Haut. 0.050. Larg. 0.038.

[Inv. Nap. 3431 . MN. 127. Cat. Longpérier, n° 272. Etiquette N 8293. Trouvé à Khorsabad (acquis en 1849). Publié par Botta, II, pl. 164, n° 2 ; cf. V (texte), p. 169.]

221. — **Analogues.** Sceau entier et fragment d'un autre sceau d'argile maniée et non cuite ; l'empreinte représente le sujet décrit sous le numéro précédent. La légende cunéiforme est brisée et réduite à deux caractères. Le fragment paraît avoir été fixé sur le col d'un vase. Il porte au revers l'empreinte d'un objet cylindrique avec moulure. — A. L.

Haut. 0.04 et 0.025.

[Inv. Nap. 3432 et 3433. Cat. Longpérier, n°ˢ 273 et 274. Etiquette N 8294. Trouvés à Khorsabad.]

Poteries.

222. — **Vase** de forme ovoïde, avec un pied en forme de piédouche. La panse est décorée extérieurement de bandes brunes sur lesquelles sont peints en blanc des chevrons et des triangles semés de points. Terre blanche. — A. L.

Haut. 0.12.

[Inv. Nap. 3166: Cat. Longpérier, n° 282. Trouvé à Djigau, fouilles de V. Place en 1852.]]

[Les poteries peintes sont encore rares dans la région assyrienne et celle-ci est un des documents les plus intéressants sur l'emploi du style géométrique en Orient; cf. *Mémoires de la Délégation en Perse*, t. XIII, p. 72. Elle a été publiée par V. Place, III, pl. 68, n° 8 ; cf. II, p. 150, sur le lieu de provenance, le tumulus de Djigan, à environ 25 kilomètres à l'ouest de Khorsabad. Cf. aussi Longpérier, *Œuvres*, I, p. 180; Perrot-Chipiez, II, p. 715, fig. 376 ; E. Pottier, *Mém. de la Délég.*, *l. c.*, p. 72, fig. 195. — E. P.]

223. — **Vase** en forme de bulbe, à long col. La panse est percée à son extrémité inférieure d'un trou circulaire, pratiqué avant la cuisson. Terre blanchâtre. — A. L.

Haut. 0.19.

[Inv. Nap. 3167, Cat. Longpérier, n° 283. Khorsabad, fouilles de V. Place en 1852.]

[Pour la découverte de cette poterie, avec d'autres du même

genre, dans l'intérieur du palais, voir Place, I, p. 124, qui la rapproche du vase que tenait une statue de dieu barbu, trouvée non loin de là (*id.*, III, pl. 31 *bis*). Sur cette forme de bouteille et le sens religieux qu'elle prend parfois dans la sculpture asiatique, voy. Heuzey, *Origines orientales de l'Art*, p. 158-160, et ci dessus notre n° 149. — E. P.]

Ivoires et os.

La *Notice* de Longpérier contient un nombre assez important de statuettes ou d'ustensiles en ces matières, du n° 38 au n° 437. Je ne les ai pas introduits ici, parce que ni par la provenance ni par le style on ne peut les qualifier de produits de l'art assyrien. La plupart faisait partie de la Collection Clot-bey, dont nous avons déjà parlé (p. 144, 151), formée en Egypte et puisée à des sources fort éloignées de la région assyrienne. Beaucoup ont été reconnus comme appartenant à l'art copte (en particulier les n°ˢ 419 et suiv.) et ont été transmis au Département des Antiquités égyptiennes du Louvre (quelques-uns sont publiés dans l'ouvrage de Perrot et Chipiez, II, p. 731, pl. 392 ; p. 757, fig. 416). Quant aux statuettes et aux peignes décorés de reliefs, je pense qu'ils appartiennent à l'art hittite ou ionien archaïque, qu'ils ont été fabriqués dans la région de Cappadoce ou d'Anatolie, mais non en Assyrie ; c'est aussi l'avis développé par M. Fr. Poulsen, *Der Orient und die frühgriechische Kunst*, p. 54 et suiv. Je me contenterai donc de renvoyer ici le lecteur aux publications faites, pour qu'il puisse juger la question : 1° Statuettes : Cat. Longpérier, n° 381 = Poulsen, p. 57, fig. 56; L., 382 = P., fig. 53, 54 ; L., 383 = P., fig. 57. — 2° Peignes avec reliefs : L., 385 = P., 55, fig. 51 ; L., 386 = P., fig. 52; L., 387 = P., p. 55, et Perrot-Chipiez, II, p. 758, fig. 417; L., 389 = P., fig. 50, et Perrot-Chipiez, II, p. 759, fig. 418; L., 390 = P.,

p. 55, et Longpérier, *OEuvres*, I, p. 166, pl. 2. — Autres figures d'animaux : L., 392 = Perrot, p. 532, fig. 245; L., 401 = id., p. 778; L., 403 = id., p. 346; L. 408 = id., p. 532, fig. 246.—E. P.

TABLE DES MATIÈRES

—

PL. 1.

La Grande Galerie Assyrienne.

Pl. 2.

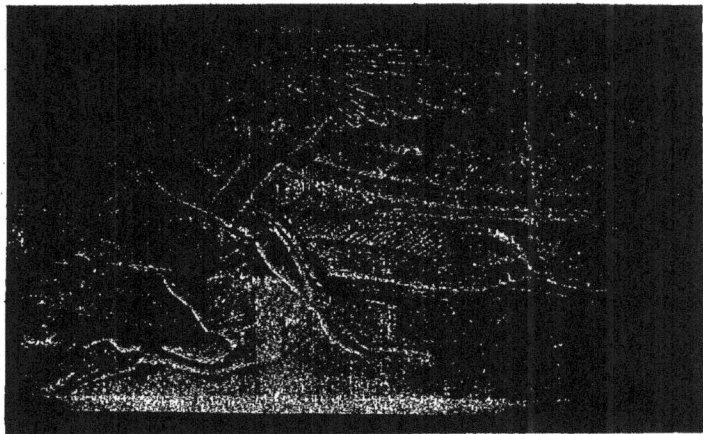

Nº 3. — Génie ailé
faisant le geste d'adoration.
(Cliché Giraudon.)

Nº 4. — Génie ailé
tenant la pomme de cèdre.

Pl. 3.

N° 5. — Génie ailé à tête d'aigle devant la plante sacrée.

Pl. 4.

N° 6. — Génie ailé à pattes d'aigle
et queue de scorpion.
(Cliché Giraudon.)

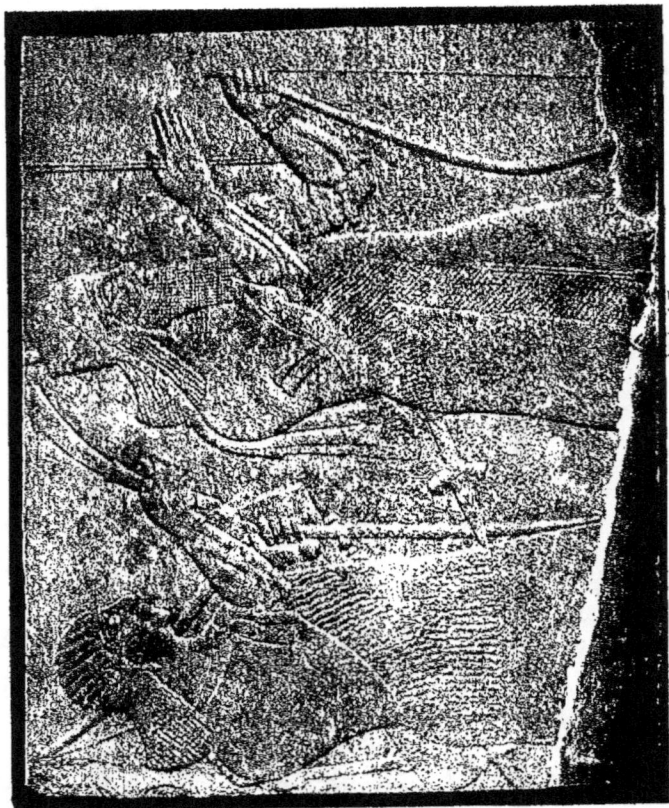

Nº 7. — Le roi Assour-nazirhal et son écuyer.

Pl. 6.

Nº 12. — Taureau ailé à tête humaine, coiffé de la tiare à cornes.

Pl. 7.

Nº 14. — Taureau ailé à tête humaine, coiffé de la tiare à cornes.

Pl. 8.

Nº 17.   Le héros Ghilgamès étouffant un lion.

Pl. 9.

Nº 18. — Génie ailé tenant la pomme de cèdre et la situle.

Pl. 10.

N° 21. — Génie ailé tenant la pomme de cèdre et la situle.

Pl. 11.

Nº 23. — Génie ailé à tête d'aigle ou de griffon.

Pl. 12.

Nᵒˢ 25 et 27. — Personnages adorant et apportant l'offrande
de la tige de pavots et du bouquetin.

Pl. 13.

Nº 26. — Personnage adorant et offrant
la tige de pavots.

(Cliché Giraudon.)

Nos 28, 29, 30. — Le roi Sargon II et ses ministres.

Pl. 15.

Nᵒˢ 33, 34, 35. — Serviteurs apportant le repas du roi.

Pl. 16.

Nᵒˢ 36 et 37. — Serviteurs apportant les vases à boire
et la chaise-roulante du roi.

Pl. 17.

N° 38. — Serviteur amenant les chevaux du char royal.

Pl. 18.

Nº 39. — Soldats apportant le char du roi.

Pl. 19.

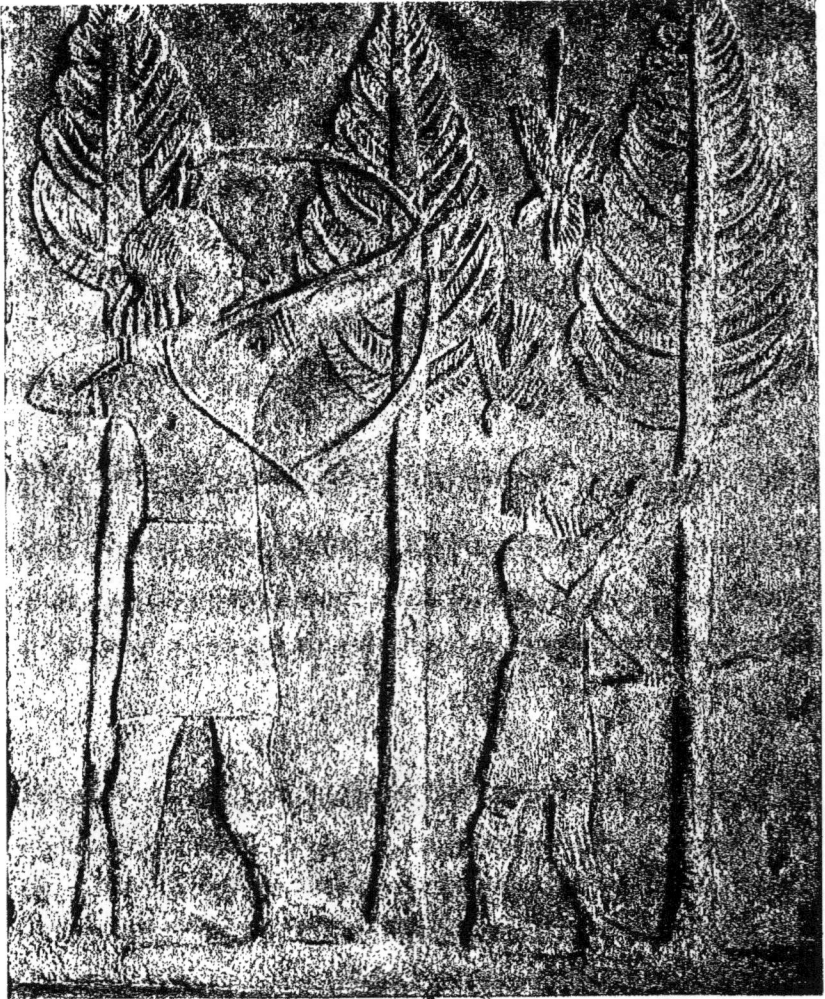

Nº 41. — Chasse aux oiseaux dans un bois.

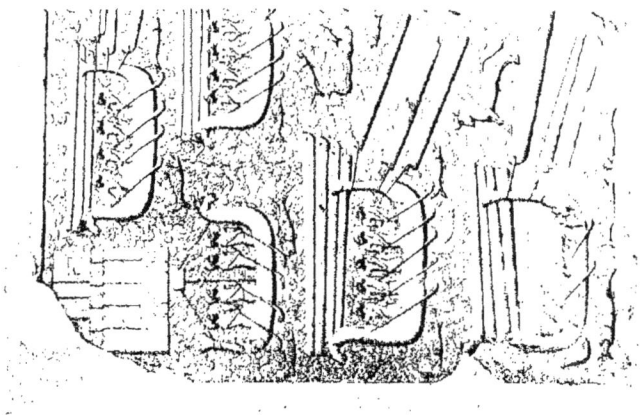

Nᵒˢ 43 et 44. — Expédition navale (d'après les planches de Botta).

Pl. 21.

N° 57. — Le roi Assourbanipal à la chasse aux lions.

N° 58. — Autel de Sargon II.

Pl. 22.

Nº 62. — Le roi Assourbanipal sur son char
de guerre.

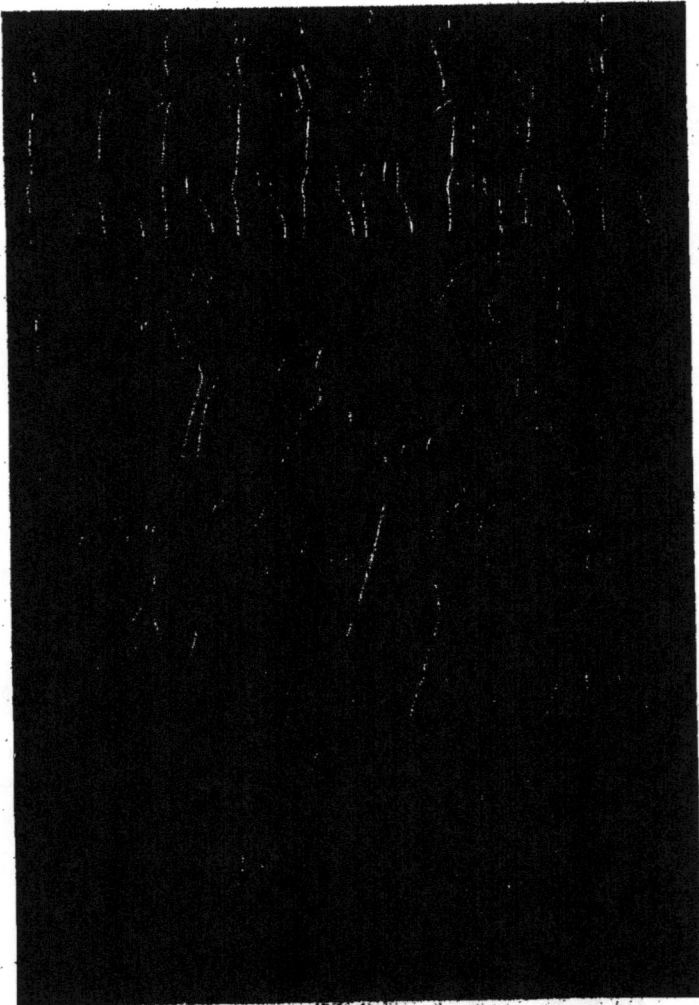

N° 66. — L'armée d'Assurbanipal et ses musiciens.

Pl. 24.

Nº 67. — Les chars de guerre, les cavaliers et le camp.

(Cliché Giraudon.)

Nᵒ 216. — Le démon Pazouzou
(terre cuite).

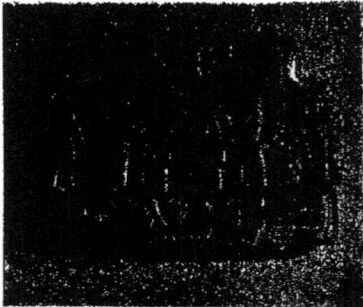

Nᵒ 106. — L'Enfer assyrien] (tablette de pierre).

PL. 26.

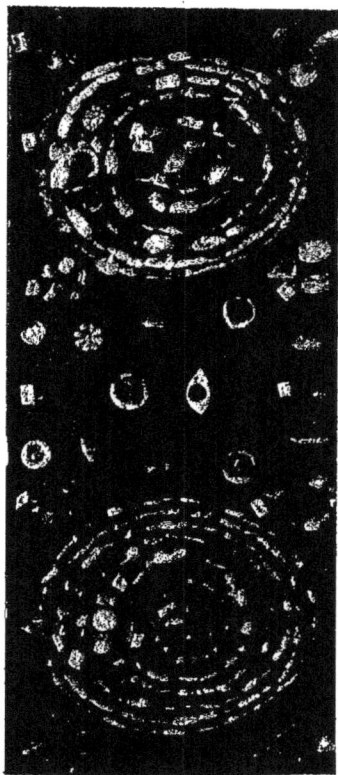

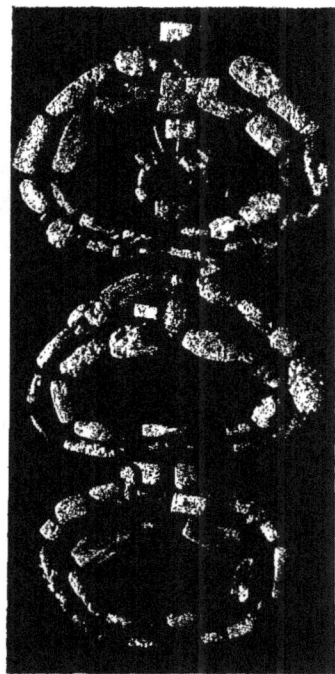

Nᵒˢ 111 et 113. — Amulettes et parures, pierres de couleurs déposées dans les fondations des portes de la ville.

Pl. 27.

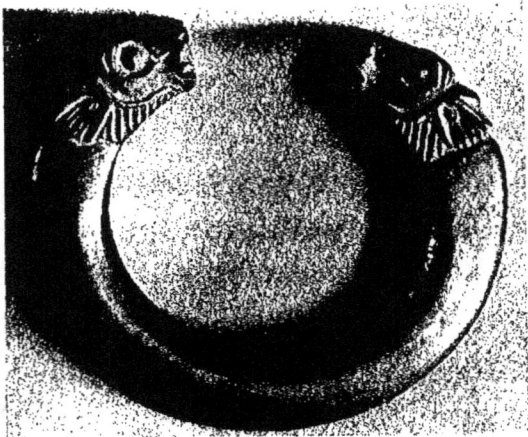

Nº 166. — Bracelet de bronze.

Nº 122. — Développement d'une amulette en cylindre,
représentant le malade et les dieux infernaux.

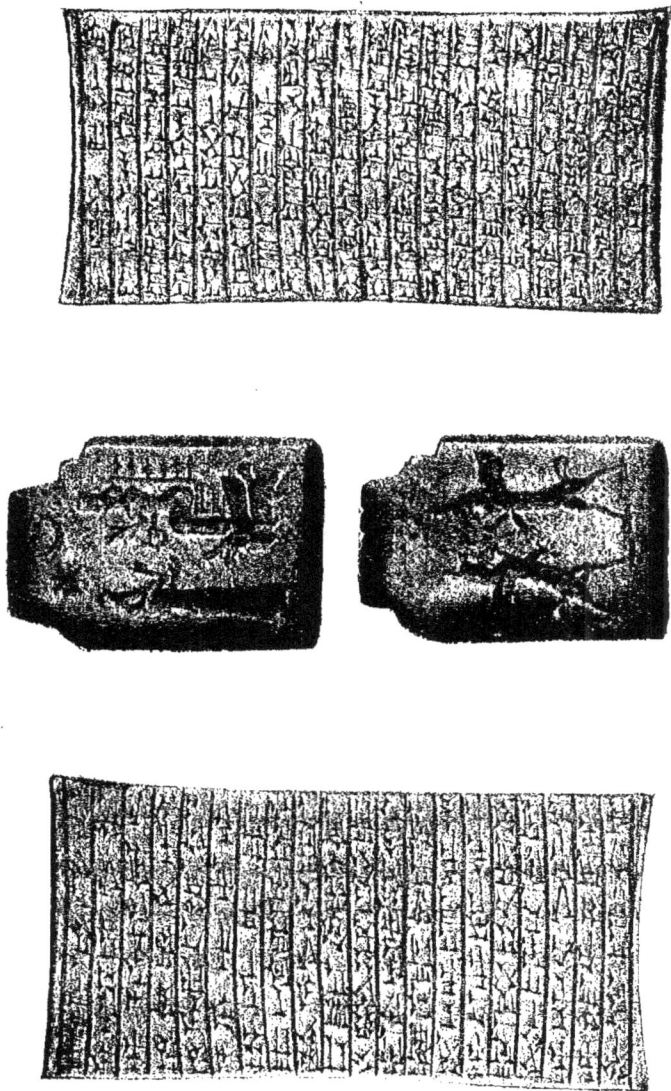

Pl. 28.

No 132. — Tablette de fondation (en or).

No 172. — Amulette de bronze (la déesse Istar).

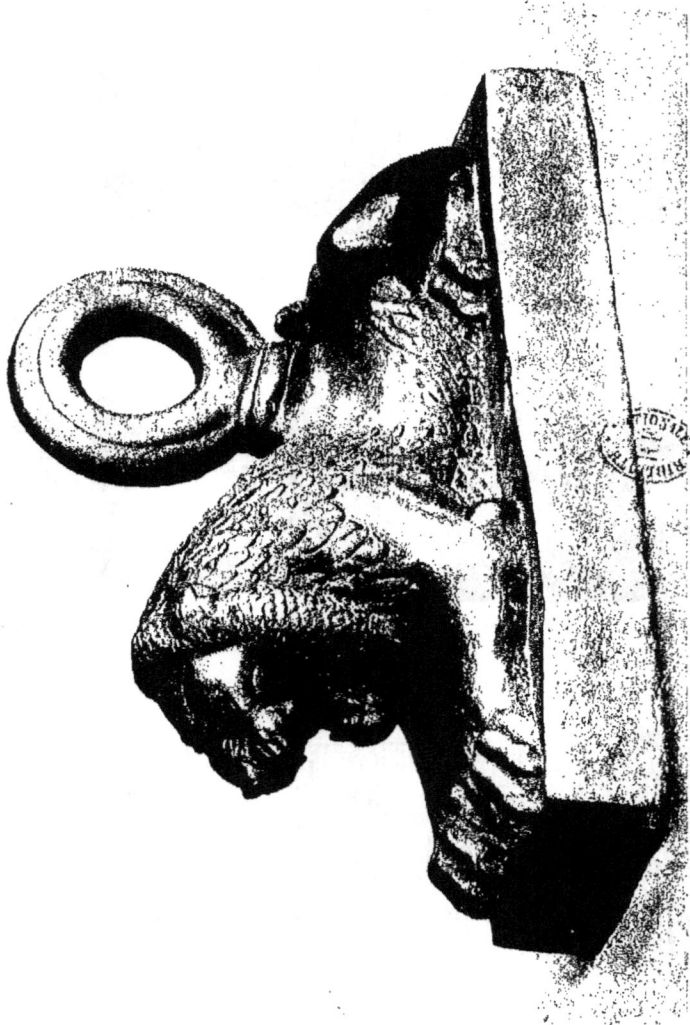

PL. 29.

Nº 143. — Lion de bronze, scellé devant une porte du palais.

Pl. 30.

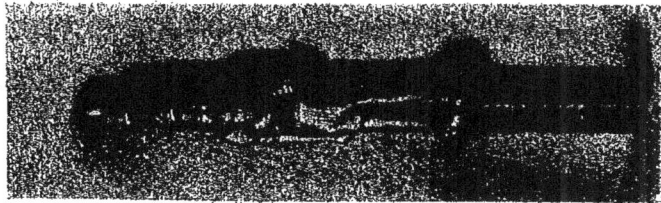

N° 145. — Dieu debout
sur un pilastre (bronze).

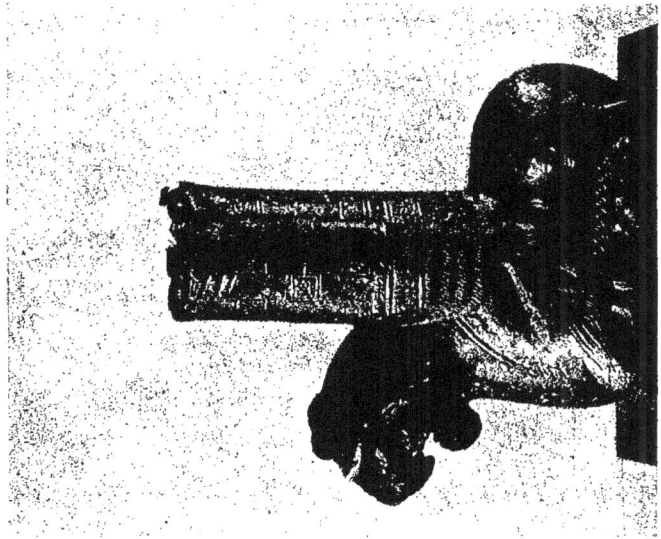

N° 144. — Dieu debout sur un animal
chimérique (bronze).

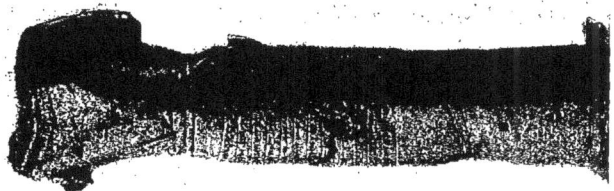

N° 148. — Statuette en
bronze du roi Assour-dan.

N° 119. — Déesse nue (bronze).

N° 133. — Trépied de bronze.

N° 146. — Le démon Pazouzou (bronze).

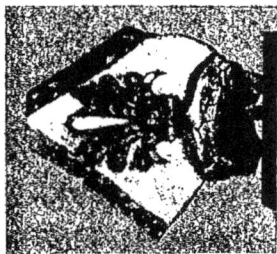

No. 191 et 192. — Antéfixes à inscriptions (terre émaillée).

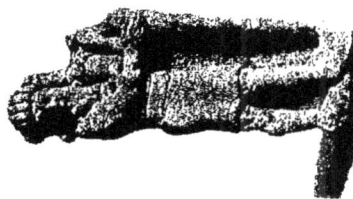

No. 212, 213, 214. — Figurines de dieux assyriens (terres cuites).

www.ingramcontent.com/pod-product-compliance
Lightning Source LLC
Chambersburg PA
CBHW070412090426
42733CB00009B/1637